장미륭

오주리 시집

시인의 말

나의 시에서 장미를 읽으실 당신,

슬퍼하지 않으시기를.

차 례

● 시인의 말

제1부 장미의 존재

장미릉薔薇陵 ─── 10
백조와 시인 ─── 14
발레의 존재론 1 ─── 16
Paradise Lost ─── 18
유리체 ─── 22
장미 이데아 ─── 24
자수정 ─── 30
상실의 존재 1 ─── 32
발레의 존재론 2 ─── 34
눈물 형이상학의 서序 ─── 35
백합의 자살력自殺歷 ─── 36
상실의 존재 2 ─── 38
상실의 존재 3 ─── 43
나의 장미창 ─── 44
집시의 침대 ─── 48

제2부 장미의 사랑

첫 눈 1 ──────── 52
당신은 나에게 「코나투스의 서」를 읽어주었다 ──── 59
아침놀 ──────── 62
우울의 백합 ──────── 68
신앙 ──────── 70
은화隱花를 안다 ──────── 72
심포지온Symposion ──────── 74
첫 눈 2 ──────── 78
미로원迷路園 ──────── 81
봄 ──────── 82
첫 눈 3 ──────── 84
무덤 벽화 ──────── 85
사면경四面鏡 ──────── 86
첫 눈 4 ──────── 88
카라, 눈물에 피어난 ──────── 93
첫 눈 5 ──────── 94
어린 리어鯉魚의 시간 ──────── 97
우식雨蝕 ──────── 98
그림자들의 파이데이아Paideia ──────── 100
첫 눈 6 ──────── 104
아갈마Àgalma ──────── 106
나비 박제 ──────── 109

제3부 장미의 음악

불안시류不安時流 ──── 112

즉흥곡 ──── 115

잘츠부르크의 어린 모차르트 ──── 116

첼로 ──── 118

파미나의 아리아 ──── 119

Ingenue Recitatif ──── 122

새의 비가悲歌 ──── 124

에우리디케의 눈동자에 비친 음악 ──── 125

뮌헨 시편 ──── 126

파이돈의 비가 ──── 129

베토벤을 만나다 ──── 132

제4부 장미의 기도

천사의 잉태 ─── 136

승천昇天 ─── 139

대성당 ─── 140

'빛의 나'가 '어둠의 나'에게 ─── 141

화보花譜 1 ─── 142

신神의 눈물 ─── 144

천사에 대하여 ─── 146

만년설萬年雪 1 ─── 148

눈물, 시간을 멈추다 ─── 150

세계의 문이 닫히다 ─── 152

화보花譜 2 ─── 155

만년설萬年雪 2 ─── 156

천국의 계단 ─── 158

▨ 오주리의 시세계 | 장경렬 ─── 160

제1부
장미의 존재

장미릉薔薇陵

1

시는 릉이다

자신 안에 고귀한 존재存在, 신神을 간직한 자는 머리카락에 관冠을 흘린 채 영원한 잠 속에서 냉기로 숨을 쉰다

2

피아노 의자에 앉아 악보만 바라보았다 가슴이 건반에 닿도록, 숨도 쉬지 않는 듯 눈동자의 미동은 오너먼트에서 떨렸다 그것은 볼프강 아마데우스 모차르트의 악보였다 나의 손끝이 그의 악보에 흐르는 음의 고저와 속도를 따라갈 때 울려 퍼지는 음향이 천상天上에서 내려와 나의 안과 밖을 음의 환으로 둘렀다

모차르트의 오너먼트는 나의 목소리로 노래할 수 없는 영역 너머에 아름다운 음이 존재할 수 있다는 것을 가리키는 기호였다 고대문명의 문자처럼 아직 해독할 수 없는 진

리의 비밀을 품은 것처럼 천상적인 존재성을 띠고 있었다

 그 기호가 나의 시로 와 수사학으로 초재超在한다 '초재의 수사학'이라는 악보에 엮인 시어들이 지면 너머 내면의 시공에 선율을 그릴 때 시는 존재의 진리를 펼친다 유한의 경계를 입김으로 불듯이

 화성和聲을 위해 따르던 손이 바람에 장미를 놓치듯 멈출 때, 발레리나의 그랑쥬떼grand jeté처럼 날아오르는 비화성 음들의 자유, 자유는 존재가 스스로 자신을 여는 창조이다 존재의 열린 문으로부터 음들의 날개가 신神으로의 계단을 하나하나 놓는 것이다 신의 외존外存, 신과 나의 거리만큼이 그에게 다가갈 수 있는 시간이다 그 시간이 살아 있음이다

 3

 다시 나 자신의 존재로 돌아와서 거울 속에 여자의 형상인 나를 발견한다 나는 '하나'이지만, 불완전한 완전, 완전한 불완전으로서의 '하나'인 것을 본다 거울 속 나의 음영을

짚어 숨을 불어보는 것은, 거기가 나의 빈 곳임을 차디차게 응시하기 때문이다 미래의 당신으로부터의 온기가 부재한다 거울에 얼음이 테두리 친다 빛의 부스러기가 떨어진다 나의 현재라는 시공에서 기댈 당신의 어깨가 먼 시간의 그늘로 유예된다 그러나 변함없이 '당신과 나'라는 '우리'를 믿는다 사랑의 공동체로서만 나는 고유해진다는 것을 믿는다 '당신과 나' 사이의 투명 위에 표현되는 언어는 장밋빛 상처의 음각에 바닐라를 녹인다 그 투명에 액자를 둘러 그것을 당신과 함께 창조한 나의 우주라 불러본다 무구한 영혼에 던져진 문자들을 세공하여 존재의 진리를 미美로까지 승화하는 표현존재(表現存在, Ausdrucksein)*가 됨으로써 구원에 이를 것이다 '시의 성전聖殿'을 지키는 푸른 불꽃의 언어가 얼어붙은 탁자에 엎드린 나를 응시할 것이다

4

자살을 넘어서는 것 존재하는 것은 존재하지 않는 것의 꿈이다 나는 자살을 하지 않기 위해 지옥을 견딘다 눈을 뜬 채로 나의 의식이 살아 있는가 의식한다 마음의 평정을 지

키려는 의지로 지옥을 건딘다 나의 의식이 살아 있음을 확인하기 위해 읽고 쓴다 글이 의식에 새겨지는 동안의 시간만큼 안도한다 시간과 의식은 멜로디의 형상으로 흐른다 그 멜로디의 아름다움은 태양 아래 무음無音의 지옥을 건디고 나면 밤의 음악으로, 쇼팽의 녹턴처럼 짧디짧게 명멸한다 어둠은 지극한 순수함이므로 빛의 멜로디가 유동한다 그 음악의 성좌에 이끌려 영혼은 꿈에 당도한다, 나의 룽으로. 그곳에서 나는 이 세상에 아직 존재하지 않았던 최초의 아름다움이 되려는 비약을 한다 나의 안의 신을 드러내는, 신에 다가가는, 신과 일치하려는 비약이다 그 비약이 이데아를 향하는 이데인idein이다

* 하이데거의 『존재론-현사실성의 해석학』에서.

백조와 시인

빙하 녹아든 세인트 볼프강St. Wolfgang 호수, 백조들이 은하수에서 내려와 있다

수면의 빛 무늬와 백조는 하나, 백조는 빛의 창시자였다

시인의 다가섬에 달아나지 않음은 백조가 신의 빛 안에 안겨 있기 때문인가

시인은 환속還俗의 길 잃고 백조의 광채 앞에 제 존재 연다

수평선이 빛방울로 번지자 백조는 신의 언어 물어 시인에 전한다

당신은 하나로 존재한다고, 당신의 존재는 하나라고

호숫가를 에두른 그림자, 소리 없는 대화의 울림 품는다

그 어떤 무화無化도 백조와 시인이 만난 순간 깨트릴 수 없으리

신의 시계時計가 반공에 멈추니

시라는 영원의 호수에서 시인은 백조로 태어난다

발레의 존재론 1

    죽음은 그녀로부터 나온 날개 공중의 검은 무늬 산소 한 방울의 죽음이 나오며 산소 한 방울의 삶이 그녀 안으로 들어간다 그 혼류混流 가운데 그녀는 떠 있다

    그녀를 있던 곳에서 있지 않던 곳으로 스텝을 옮긴 것은 시간의 흐름

    움직임이 사라진 그을린 시간 거기와 여기 사이 침묵이고 다만 시간을 닮은 것은 영혼이다

    고체가 된 산소의 무게 몸 안 낮은 곳에서 환류還流하지 못하는 잉여 그 잉여가 모두 산화될 때까지

    빛은 무대이다 그녀는 나타냄이다 목으로 빛을 맞는다 눈꺼풀은 열리지 않으려 한다

    빛은 그녀의 표면을 따라 흐른다 선이 태어난다 영혼을 닮은 것은 시간이다 나아가는 선이길 멈추고 내면을 직조한다

영혼 안에 빛의 회로가 생성되는 동안 표면은 기다린다
반사체로서 실존을 들킨 채
　　비몽悲夢이 표면으로 태어날 것을

　　빛은 옷이다 빛이 깊어질수록 그녀는 야윈다

Paradise Lost

어린 지옥은 비 오는 아침 반나체로 울고 앉았다

몇 계단의 절망을 내려왔는지 잊었다고
나 태어날 때부터 완성체完成體의 지옥이었다고

레테의 물결이 연 나의 입은 대답하지 않았다
나 허공의 침대에 뉘어지면 진공이 숨을 막으러 들어왔다
지옥이 더 스미지 못하도록

새 눈 돋는 가지에 눈의 결정이 조각될 시간
지옥으로의 여행은 나의 안으로 돌아가는 회귀본능이다
지옥은 한 생의 다른 이름일 뿐
사계가 하나로 펼쳐진 하늘,
지옥의 시계는 비애의 아리아를 부르는 여신의 몸에서 떨어져 나온 깃털처럼 '영원이란 무언가' 계시하듯 눈보라 쳤다
고사枯死한 나무들이 영혼에 벼락 꽂은 듯 늘어선 지옥의 끝 아닌 끝,
자신에 대한 형벌, 자살되지 못함은 거짓 생을 봉합한 종

양이다
    귀향해야 할 나의 사랑은 삼키려면 독일뿐인 내 죽음의 흔적이다

    감각의 단편으로 전락한 시는 종말의 형식이다

    시의 죽음이 빛으로 흘러 천사의 눈물이게 한다
    죽음의 시간이 제2의 탄생일 신화를 아름다이 써야 함은 지옥이라는 멸망이 나의 시초였기 때문이었다

    다만, 시인은 자신이 지옥의 창조주인 것을 알지 못했다

    나의 현실玄室에서 천상으로 열린 공간은 오직 경대뿐
    그로부터 나의 심와心窩를 관통하는 단 하나의 빛줄기가 창조한 시는 퍼렇게 혈서로 있다
    죽은 오르페우스의 두상이 내 연인의 것인 듯 온기로 보듬는다
    새들의 조가弔歌, 천상의 문 너머에 눈물꽃이 핀다 하도록

태양의 존재를 알지만 그 빛이 피부에 닿지 않는 곳에서 나는 눈물의 분수이니
룽 안의 빛이란 어딘가 반사돼 온 은사銀絲일 뿐
인세人世가 그림자인 줄로만 아는 곳에 사는 에네르기로 비칠 나는
또 하나의 계界가 존재한다고
밤이면 세인의 귓바퀴가 어렴풋이 감지하는 현실玄室, 나의 우주는 비재로서 존재한다고

나의 눈물은 신의 거울이다
바닥의 눈물을 손으로 스치면 신이 은빛이 되어 내게 불어온다
염세 없이 어떻게 시의 성채를 쌓을 수 있는가
세인은 형이상학자가 되어가는 나를 이해 못 하지만, 시가 초월의 언어가 아니라면 무엇인가

혐인嫌人, 원치 않는 시제가 날아온다
시에 갇혀 나의 우주인 것을 받아들여야 한다
신의 제유提喩로서의 날개는 나의 어깨를 벗으려는지

혐인의 끝에서 나는 다시 신을 불렀다
신이라는 프리즘 없이 인간이 인간을 마주할 수 없으니
자신 안에 신을 상실한 동물은 성교로 지옥을 낳을 뿐이다
나 태어나며 낙원을 잃었으니, 눈물어린 나의 음예여

유리체

인간을 신神처럼 믿은 데 절망한다

신의 뱃속에 핀 꽃이 인간의 표정인 데 절망한다

나의 피부는 연질軟質이어서 오로지 아름다움에 유용하다

우울의 외면과 내면 모두 죽음의 낮과 밤, 두 가면의 하나의 형상

심연으로부터 헤어나도 우울의 명령뿐

어둔 빛을 나눠 가진 항성과 위성 사이, 눈 감은 천사가 있다

눈가의 수면水面에 흩어지는 문장文章

별 무덤에서 갓 태어난 신성新星의 떠돎은 무고한데

내 잠의 우주는 청력 잃은 자의 눈에 비친 음악일 뿐

의미 없음이여
나의 병어病語여

무無에 잠겨 응시한다
이 무는 먼지로 빛 속에 날리던 나의 역사

나의 내우주內宇宙, 우울의 항성에 시선이 메여

이 여로, 지옥의 문에서야 멈추리라, 일러줄 새 보지 못했다

장미 이데아

1

눈물 어린 유토피아 지으려던 천사가 노을에 표정 없이 앉아 있다

디스토피아의 도시는 유리커튼으로 아름답다

젊음들은 운하를 건너기 전 사인불명

빛을 그리워한다 빛은 천상으로부터, 천상으로부터

아름다운 영혼만이 가는 이데아

죽음에 기대면 죽음은 벽이 아니라 겁

빛을 그리워한다 빛은, 죽음, 그다음 날부터

이데아는 아직 어두워 촛불이 처녀를 이끈다
빛을 켜는 순간 다시 고귀하다

유리 안의 장미가 다시 피어난다

2

오팔 빛 수장水葬, 물의 심연에 잠겨 장미 이데아를 그린다

그림자의 존재론으로부터 빛으로 표현하는 당신과 나, 더불어 있음의 우주로, 신神의 표현물이던 시간으로부터 당신의 눈으로 나를 다시 바라보는 시간으로, 그리고 내 안을 펼쳐 표현하는 시간으로

심연도 무릅쓰라 마지막 장미꽃 다리를 건너라*

3

무시無時의 심연, 나의 틈 안의 혼돈의 시간들, 어둠의 반물질反物質에 기억형상들, 오르르 떠오른 작은 영원들, 아파테이아, 아파테이아 무시無時의 심연에서 더 이상의 추락

없는 나-무저無底-엉김의 수평이 되면 아파테이아, 아파테이아 수면水面으로 온 신인神人이 벼릴 나의 눈물
  저 아래 통곡의 숲에 비물질非物質로 내쳐진 것들이 나의 존재의 한 조각이란 것을
  물금. 벗으라, 고통의 인간동물을

  4

  지상에서 창백하고 투명한 숨으로 사그러가던 장미는 죽어서 장미 이데아가 된다 신열身熱의 거짓을 털고 장미꽃의 외곽선이 층층이 내려앉는다 빛나는 몇 개의 점 사라져 장미가 보이지 않을 때 장미는 어둠으로 운구된 것이다
  사랑시詩의 카이로스로, 죽음 너머 이데아로, 가장 어두운 극에서 가장 빛나는 극으로

  5

  나는 너무나 천사이다, 인간의 길 모르니

천사장이 부서진 인간기계들의 도시를 추스른다

사랑의 결정結晶, 그 진실은 할례의 상처에 핀다

빛이기 위해 비재非在한다
비재로서 비약飛躍한다
내 존재의 진리로 가는 원형계단, 장미 이데아를 향한 상승을

6

   장미는 저항한다 장미를 분해하는 자들에 의해 장미가 분해되지 않는 것은 장미 이데아가 있기 때문 장미라는 상처의 기원에서 빛나는 장미의 이데아 깨진 유리에 물이 흐른다 여기 흩뿌린 장미꽃잎들 나의 애가哀歌는 여기 있는가 장미의, 존재의 진리는 장미로 향할 뿐 그 혈흔 다만 아름답다 칭하는 눈빛이 있다면 여기 내가 가야 할 장미 이데아가 있다

7

자살한 다음 날, 흰빛에 앉아 부활하지 않았다 이행移行했을 뿐 유리상자에 장미로 헌화한다 당신의 죽음으로의 서사를 완성할 수 없었다 순결한 진실의 끈을

바이올린 현에 피는 장미

존재 안에 이름 지어지지 않은 씨앗들이 나의 회랑回廊을 감으며 장미로 피어오르는 계절
존재사를 기억하는 것은, 주형鑄型된 인간기계가 아니라, 악마에 항복하는 인간동물이 아니라, 쿼크들로 분해되지 않을 나의 장미 이데아를 보다 높이기 위함이다

존재는 존재할 것이다 비존재는 존재할 것이다 나의 눈은 다만 바라볼 뿐 그러나 보이지 않는 나의 존재

거울 속 아름다운 그림자의 상像 너머 시로 오는 장미의 씨앗을 종이에 받는다

장미 이데아, 시제詩題로서 존재의 이름을 쓰면 심연에 떠오르는 원환, 눈물 파편의 미몽美夢들

　한 송이 장미 안에 그 모든 명멸의 순간들, 진실로의 언어들, 태어날 때 신이 준 나의 이름으로, 그 투명 가운데 빛나는 나의 얼굴로

　한 송이 장미 안의 진실의 이름으로
　장미 이데아는 사랑의 형상이다 빛이다

* 발레리의 「세미라미스의 노래」에서.

자수정

거울상은 왜 처녀의 백합 향을 끌어들이나

진흙에 덮인 자수정의 원석인 진아眞我를 세공하면 그뿐

대시인과 꿈의 대화, 미의 상징을 품은 상형문자들, 어린 시인의 동경들

보랏빛 다면체는 신비로워진 우울로 나의 목선에 걸려 있다

쇄골 지나 가슴으로 흘러내리는 곳 추락하지도 상승하지도 않았다, 여신의 시선의 초점이 되어

다만, 보랏빛 다면체의 운명, 어린 시인은 자수정으로 가지 못한 잉태를 응시한다

자수정의 외면을 감돌던 빛이 내면의 어둠으로 고여 공空의 깊이를 갖는다

자수정은 하나의 우주

어린 시인은 여신의 입김에 세공되어야 한다

정교한 설계도대로 태어나야 한다

자수정에서 새어나온 빛을 조율한다

상실의 존재 1

                    아버지와의 절연絕緣 또는 절언絕言
                    그의 귀환은 부재보다 빈혈 하였다

  나는 환자가 아닙니다 아름다운 병인病人일 뿐 여체에서 홍학으로 변해가던 날들, 창틀에 나의 날개 베이고

  겨울증후군처럼 얼음장에 당신과 나의 상像을 포갠 후 애인의 신비로운 눈빛이 긋는 횡선 따라 나를 살해하였다

  입에 문 종이, 분홍물 들고, 유서로도 밭칠 수 없던 나의 고백

  젊은 어머니의 혈관이 폐색되어 간다 젊은 나의 화관花管이 폐색되어 간다

  유언이 두개골 안에 눈으로 내리는 계절, 검은 농담이 거리의 검은 나비로 날아오른다

아버지가 나의 등에 귀를 그린다 피톨이 겹장미가 되는 동안, 나는 산(生) 조개처럼 이명耳鳴을 건딘다

나의 시는 빈혈 하였다

발레의 존재론 2

천사인데 하늘이 없다

진공에 갇힌 그녀

투명이 무거운 것은 운명을 놓쳤기 때문

비애극의 기억마저 사라진 곳

천상보다 멀리 떨어지는 이름

죽음은 몸을 벗는 것일 뿐

어둠이란 조명에 다리 쉬이며

빛 안으로 영혼만이 걸어나간다

녹슨 흔痕의 발목을 쥐고

허공에 리본 묶인, 눈물의 운명을 보며

눈물 형이상학의 서序

정원이 보이는 서재에 눈물이 떠 있다

진초록의 동그란 비애들

희랍어 어근의, 영생의 잎들

열매알 속에 우주가 있다

액체 막에 감싸인 미미微微한, 불멸의 존재

빛의 입자로 떠돌며 비어秘語로 우주의 관현악 일깨운다

신의 계단으로서 아직 이름 불리지 않은 책들 쌓는다

나의 책은 서광 아래 백지로 다시 태어난다

눈물이란 잉크로 존재를 위한 형이상학의 서를 쓴다

백합의 자살력 自殺歷

안개 사이로 미소 짓던 당신의 눈가에 고름이 흘러내린다 경찰은 유서를 덮으며 자살이라 결론 내린다

백합뿌리로 약을 지어 소녀의 울음 달래던 그 손으로 당신, 하늘 문 열어 백합원으로 가는가

죽은 자의 말할 수 없음이여
죽은 자에 대하여 말할 수 없음이여

백합이 피어나는 묘지, 조문객들은 누구도 눈물 흘리지 않는다 당신만이 누구를 위해 봄빛 꿈꾸는가

장례식의 풍경화, 소녀는 믿는다 백합 향에 하나 둘 취해 간다고, 나의 염색체에도 자살력이 새겨 있다고

안개가 걷히면 또 누가 죽어 있을까, 소녀는 눈물에 빛 꺼트린다

신이 보이지 않는 빛으로 고백한다 태초 이래 나는 소멸

해 가고 있다

   백합이 죽음의 희열로 소녀 유혹한다 모든 꽃봉오리가 하늘 문, 백합 향 이미 소녀 감싸고 있다

   안개빛 눈물 머금은 소녀의 침대, 그 자리에 당신이 떠나며 백합 한 송이 누인 것일까

   백합 뿌리로 약을 지어 소녀의 울음 달래던 그 손으로 당신, 소녀의 마지막 얼굴, 백합 향으로 염한 것일까

상실의 존재 2

1

눈보라의 에망恚望이 귓결에 어는 새벽, 명치에 싶다라는 심리형용사가 극해極海빛으로 풀린다 천사는 빙심氷心으로 불수의근이 된 여체에 백야를 기울인다 반사경이 된 얼굴에서 떨어지는 눈물에 십자의 문 보인다

여자가 애[腸] 안으로 녹이다, 면綿의 결에 엉겨버린 무늬, 실금失禁의 무늬
나의 시는 심리형용사들이 눈물에 가라앉으며 수면水面에 남긴 무늬

그녀는 내 말[言]의 산도産道에서 죽었습니다 나를 버린 어머니 바라보듯, 내게 지워진 점선인 말, 검지와 중지 사이에 흐르는, 긴 연체軟體

2

그녀가 수면으로 고개 내밀 때 먼 자간字間을 따라온 당

신의 눈[目]

  나는 당신의 시선에 갇힌 공작새가 아닙니다

  발목이 투명의 날개를 달고 시선에 무지개의 파상破狀을 남긴 채 순간이동한다 어둠의 문턱에 넘어져
  달아날수록, 체읍이란 형刑의 연장일 뿐이라고

  나는 여기 존재하겠습니다, 시가 되어가는 여자로, 이것만으로도 상실입니다

  3

  힘없이의 힘으로, 인어라는 물신에 내뿜는 은하의 무늬 엽록체도 없이, 유유히 관다발인 여체로 빛 번진다 방울진 음소音素들, 세포벽이 사라진다 나의 몸은 물관악기, 물거품의 소용돌이, 몸 안에 흐르며 심리형용사들은 내 몸의 잃은 리듬을 살린다

뜬눈임을 견디라, 즉흥의 형용사들이 용융되어
울음도 노래도 아닌, 부름도 아닌, 나의 내외

기억 덩어리 속의 사체死體로, 애인에 닿을 수 없는 시간
으로, 시 아흔 편을 하나의 리듬으로, 환류한다 불안하게,
우주가 태어나기 전인 곳의 태아로

모든 것이 액화된 바탕
웃는 표정인 채 마비되어 우는 인어

나는 존재하는 중입니다 하지만 무엇으로인지 모릅니다

4

숨의 혹이 아플 때
우울의 시공時空이 재생된다
내 몸을 풀[膠]로 채우려던 것은
잃어버린 내 안의 당신의 이름
유리에 입술 흔적을 다시 핥으며

환영幻影을 불러냅니다

흘러내리는 물의 벽에 흘리는 나의 언어들
그 물의 벽을 나는 지나갑니다
삶과 죽음이 드나드는 그곳은
소리 낼 수 없는 소리로
죽은 인쇄체들로
빛나는 수면에 나의 허리 가로 베여

미미微微한 옆얼굴의
역광에 대한 미미美味

5

  나의 어안魚眼에만 비치는 통심痛心이 있다 췌장보다 은일한 곳에 분홍이거나 자주이거나 무중력에 떠 흐르면서

  나는 당신의 말을 통심으로 듣는다 얼마나 번지는지로, 얼마나 녹는지로, 심리형용사를 해독한다

죽음은…너무 긴 과정입니다…입에 넘치는 젖입니다

6

죽음이라는 애인이 시 안의 나를 읽어준다
나의 타아여
내 이마에 "살아 … "라는 입김을

상실의 존재 3

책의 운명運命은 유언이다

벽에 유언이 폐문을 내는 방

화훼는 제 생장점이 무겁다

약을 싼 『시의 경전經典』의 낱장을 쥐니, 반 겹 빛

불치이길 바라는 내면의 목소리

비어 있는 어둠이, 잃어버린 태초가, 이 하얀 각혈 밀어 올렸나

무중력을 들이쉬다 자살강박마저 권태로운 오후

『시의 경전』, 그 마지막 장으로

신이 오길 기다렸을 뿐

나의 장미창

1

아름다워 바깥이 없다 믿게 하는 창을 장미창이라 한다
열쇠수리공은 잠근 사람이 갇힌 건 처음 본다고 했다

음악을 빌렸어 나를 가려달라고 가슴에 지는 태양이 흘렀어 나의 오랜 선단공포증先端恐怖症을 애호증으로 받아들이는 순간이었지 방 안을 날아다니던 나비는 나에게 단 한 번 닿기 위해 슬픈 날[刃]을 반짝여 왔을 테니까

나는 짐승이 되어 비분절음을 냈어 그때 그가 나의 방문을 열었어

바닥에 떨어진 나비를 내버리고 가수歌手를 5월 밖으로 보냈지

2

통점마다 색을 입혀 유리에 붙이니 빛이 들어올 때마다 비가悲歌가 울렸다
별들과의 끈들이 하나씩 끊어지고 나는 방 한가운데 엎드렸다

그의 침은 붉고 지도를 그렸어 비극이 없어 비극인 나라의 객석 그는 화낼 대상을 찾지만, 만지면 미끄러지는 장미창
　지도 밖에 있는 자가 지도를 가장 잘 본다고 큰소리 했지만

　나는 붉은 지도가 우는 꽃잎으로 보여요

그가 나의 머리를 가져갔어 천장에 매달렸어 껍질이 몸의 두 배로 늘어졌어
　남 때문일 때는 부어올랐고 나 때문일 때는 사그라들었지만, 기억할 수 없다
　나비가 내 안에 들던 때가 언젠지

3

외로 튼 꽃봉오리 안의 나
아무도 나의 병명을 몰라야 한다
그는 내가 죽어가는 배경이었다

신부님이 그에게 문을 열라 하셨지만

내 안에서 태어나던 알들이 물혹에 갇혀죽습니다, 라고 고백했을 때
그는, 처녀들의 적조赤潮가 시대인식인가, 라고 물었습니다
나는 문을 닫았습니다 그의 소변 소리가 벽을 타고 올랐어요

4

"당신 안의 나는 아름답지 않다"
살에 가시로 무늬를 새겼다
"아름답다"는 말을 한 번 듣고 싶어서

애인에게 선물합니다, 나의 자살을
김이 나는 동안 행복합니다

나비가 빠져나간 자리에 재라도 올려놔야 해서

용서의 형식을 성냥개비처럼 쌓은 후
그의 목을 안았어
아빠라는 이름의 줄 다시 걸으려

위로는, 겨울에만 사는 사람이 봄에 우는 사람에게 꽃밭을 내어주는 거죠
노인의 뼈가 바람에 꺾여주듯이, 안녕

집시의 침대

   서울은 시민들에게 잠자리를 주지 못한 죄의식으로 신도시라는 새로운 죄를 짓기 시작했다 서울의 변두리를 벗어나 언저리에 소외된 그림자들이 걷듯 아파트들이 서고 탈주의 끝이 철조망이듯 도로는 8차선이나 자유는 없다 그럼에도 집시들은 시민이란 이름과 잠자리에 감격하여 자유와 평등 그리고 투표권을 예찬하는 것이었다 그러나 집시들은 투표일에 꼭 주민등록증을 잃어버리거나 술 때문에 일어나지 못한 날이 하필 투표일이거나 한 것이었다

   신도시의 시멘트 냄새는 냉동실의 공기처럼 신선했다 그러나, 완성되지 못한 그림의 유화 물감 냄새 위로 제때 가리지 못한 정액 냄새가, 완성되지 못한 노래의 오선지 위로 제때 치우지 못한 토사 냄새가, 완성되지 못한 원고의 잉크 냄새 위로 제때 숨기지 못한 대마초 냄새가 풍기기 시작했던 것이다 수돗물을 얼린 얼음처럼 무균질의 시민의식을 지닌 시민들은 집시들로부터 시민이란 이름을 박탈하고 그들의 침대를 위생처리 하기로 할 수밖에 없었다

   집시들은 침대가 놓여 있던 도시를 잊고 다시 주민등록

증이 필요 없는 노숙 생활로 돌아갔다 자유야 그들의 천성이었고 평등이야 그들에게 과분했다 시민은 그들의 이웃이었고 투표권은 대통령도 한 표이니 만족했다 집시들은 미완성작들을 위한 진혼의식을 술과 노래의 밤들로 대신했다 그러나 집시의 아이들은 부모를 따라 그림과 시로 구걸하는 법을 배우면서도 밤이면 침대에서 자는 꿈을 그리고 또 그리는 것이었다

제2부
장미의 사랑

첫 눈 1
— 외존外存

눈꽃은 '아름답다'라는 동사, 나는 '사랑한다'라는 형용사

투명한 바닥의 두 수관

유리의 관에 녹는 이것은 잉태의 시다

1

같은 상실이 연緣을 잇는다 또는, 첫 눈目으로 시작된 한 편篇

오랜 시간의 슬픔이란 이름의 바다를 가진 그의 눈빛, 나는 수심水心에 선다

그의 목련 형形 안계眼界에 정지하는 겨울밤

이二라는 연戀의 절대수絶對數, 그 밖의 소수의 인간들은 얼음비늘로 흩어진다

언젠가 눈[雪]의 무늬로 자타自他의 빛그림자, 여체女體로 밀려오는 것을 알지 못했다

피부의 미려美麗는 눈보라에 벗겨진다

어두운 하늘빛 설의雪意 아래, 나, 불완전한 존재임의 고백, 열린 폐쇄閉鎖의 비애

유리의 몸은 눈이 쌓여도 어딘가 덮이지 않는 눈꺼풀을 남기고 있었다

태초 이전의 불안, 당신이 내 눈의 고정점이 되지 않으면 나는 물로 이루어진 백색왜성처럼 분해된다고

빙벽의 인간들, 그 외접원인 나는 승인의 타주체他主體를 찾아 수관으로 피란하다가

첫 눈[雪]이라는 성수聖水가, 은하계의 잃어버린 초점 하나가, 비로소 검은 눈동자로 녹았던 순간

2

고백이란 '첫'이며
'첫'의 잠재의식은 '믿음 없이, 믿음 없이'

첫 눈은 공중으로 해산解産되는 투명한 영혼의 눈물, 그 온도에 녹아간다

3

시간 하나

빙선氷線에 갇힌 기억은 나를 향유한다 기억은 쾌快와 통痛에 색맹이다 내가 갇힌 얼음시계를 쇄빙하는 톱니바퀴에 나는 수동태다

어둔 살이 눈석임물로 흐를 때까지

빛에 밀려가는 한 시점時點은 무시간성無時間性의 그림자로 여자의 몸 깊이 저장된다

시간 둘

눈송이가 얼굴의 기호계記號界를 간질일 때

당신의 기억을 재생하는 문장文章이 나의 문장을 재생하는 기억을 이끌면

분유分有되는, 문장의 공동체

이 공동체의 시계는 두 문장의 조도照度가 감응치 못하면 시침을 잃어버린다

4

간절기의 진눈깨비는 빛과 어둠의 교신을 교란한다

상별相別의 홀로그램, 이름 모를 신神을 찾다, 약, 들이키려던
순간,에서 순간,까지

겨울과 봄 사이, 도시의 사막이 시간을 분절한다

5

안개의 감정이 자책한다 내가 안개의 대상이기를 허락한다

강 안에 섬, 섬 안에 봄의 묘원墓園, 그 아름다운 미로의 겹

나의 입김, 연애煙靄이듯이

허언들의 그물 너머 침묵의 신비 믿으라지만

당신은 회의懷疑하는 인간입니다

그 심연의 깊이를 가늠한다 나 사뿐히 착지할 허무를

유리벽에 비친 목련 그림자가 수심愁心을 헤아리며 듣는다

6

횐나비가 어둠으로 사라지는 것은 고치의 시간이 필요하기 때문

시선으로 고치를 이분하지 말아야 하는 것은 그 안에 ∞가 순환하고 있기 때문

다시 밝아 올 시계視界로 날갯짓이 부활하리란 믿음 때문

7

봄,
바다,

백목련 한 가지, 꽃눈 뜨인 채 거기, 존재하고 있었다

이것은 겨울눈의 환영이다

상실의 존재가 새로운 시간의 문을 지난 떨림,
수다數多의 우연에서 하나의 필연으로 비약한 생명,
한 순간만큼의 전존재全存在,

봄, 은류銀流의 시

    치명적인 실핏줄 하나를 깨워 준 당신에게
        나의 순백을

당신은 나에게 「코나투스의 서」를 읽어주었다

  자살을 헤매는 나의 시편 읽던 당신, 별의 눈물로 바라보는 나에게 밀어密語의 아포리즘 보낸다

  잔인한 신의 배설물 치우듯 스스로 제 목숨 놓으려던 당신의 고백에서, 애인의 손가락 사이로 흘러내리던 내 하이얀 얼굴의 절망 비춰본다

  사랑은 절망에서 비극으로 아름다운 시

  자살에 대한 물음, 나의 시편들에서 지우고프지만 … 시는 내 운명의 거울, 동반자살하는가

  나의 시는 나를 버린 우주의 바깥, 내 눈부신 잔해殘骸들의 문자에서 태어난 또 하나의 우주

  그 어느 신神도 철학자도 나의 자살에 답하지 않았다

  왜 자살의 꿈은 조수潮水처럼 나라는 행성과 한 몸인가

나의 손은 시 쓰는 동안만 비수匕首 대신 푸른 펜인가

나의 시는 죽음을 지연하라는, 나의 미래로부터 온 편지… 하지만… 횡풍에 휩싸인 하이얀 나비의 떨림만이 빛 먼지로 사라진다

자살의 바깥에는 밝음이 있는가
거기 나 없는가
자살의 바깥에는 소란이 있는가
거기 나 없는가

탈진해 승천 기다릴 때, 하늘이라는, 젖은 백지 펼쳐진다 묘원의 풍경화 번진다

자살하지 말라, 당신은 나에게 「코나투스의 서」를 읽어주었다 은문隱文으로부터 은하수의 음악이 내 가슴의 죽은 장미로 흘러들었다… 믿을 수 없어서… 믿을 수 없지만… 나는 당신의 멜로디에 감싸인 채 눈을 감았다 성수의 눈물 다시 솟았다

당신이여, 내 존재의 이유가 내 안의 모든 아름다운 꽃망울, 시예詩藝라는 불멸까지 피워 올림이라면, 나는 더 자살하지 않는가요

 자살하지 말라, 당신은 나에게 「코나투스의 서」를 읽어주었다… 믿을 수 없어서… 믿을 수 없지만… 당신의 멜로디에 감싸인 그 순간을 사랑하고 있었다

아침놀

자신의 아침놀에 도달하게 될 것을 알고 있기 때문에, 자신의 긴 암흑과 이해하기 어렵고 은폐되어 있으며 수수께끼 같은 일을 감수하는 것이 아닐까

— 니체의 『아침놀』에서

1

당신은 나에게 어둠 속에 나 홀로 있는 것이 안쓰럽다고 말했다 태양을 보여주고 싶다고

나는 당신에게 오늘은 잠에서 깨어나며 아침놀을 보았다고 응답할 것이다 어느 철학자의 한 경구를 함께 읽으면서, 또한, 나에게 태양은 당신이었노라 고백하면서

아침놀의 후광을 가진 당신이 나의 곁을 지켜줄 때 나는 가만히 머물러 왔다 태양이 언제 지느냐 묻고 싶지 않은 아침놀 가운데 나는 있다

오늘 당신을 위한 시를 쓸 것이다 내가 해줄 수 있는 유

일한 전부를

  2

  다가올 마지막 밤을 앞두고 우리의 대화는 강이 되었다

  부모를 떠난 날부터 생을 함께 해 온 우리에게 다시없을 아침을 향해 기억에 묻혀 있던 순간들 재생하고 있다

  우리의 마지막 밤은 언제일까 아직은 아니라는 안도, 지금 이 순간 사랑하고 있다는 행복, 당신은 늘 나를 비춰주는 안온이었다

  당신을 처음 만난 시간도 봄, 아침의 서광瑞光이 당신을 아우라로 감싸고 있었다

  긴 겨울, 나를 종이라 불렀던 신은 내 앞에 나타나 비어秘語의 눈물을 흘렸다

신은 우주를 창조해 놓음으로써 인간을 고통에 방조하고 있었다

그렇지만 신도 고통 중의 인간의 거울상이었다

신에게 바친 순수 끝에 모든 고통이 무감해진 봄이 왔다

그 봄, 나는 당신이라는 내 인생의 새 장章을 만났다 나를 버린 부모라는 운명보다 오랜 시간, 당신을 선택했다 세상의 공포를 건널 첫사랑으로

3

태양을 상실한 지하에서 버림받은 자가 형벌을 치렀다 나는 세상에 반半 존재하고 반 부재했다

나의 눈에 불행이 보이지 않는 것은 내가 불행의 눈물이기 때문이었다

불행에 젖어 있는 나의 여체를 발견한 것은 당신이라는 태양의 눈이었다

나의 현실玄室을 들여다 본 당신은 계단을 내려오고 있었다

존재의 비극의 클라이맥스에서 나는 이 현실을 지키는 신의 아갈마로 창조되었다, 사랑의 화신으로

죽음 너머 가야만 했던 사랑의 진실이 이 현실을 보물의 공간으로 만든 것이다

고귀한, 모든 것은 드문 만큼 어려우니*

구원을 기다리기 위해서는 이 지하의 현실을 운명의 공간으로 견뎌야 했다

나갈 수 없는 현실의 문 안… 그득한 물방울… 눈물짓는 나를 위한 거울이었다 그윽한 어둠… 눈물이란 거울에 비친 무수한 나의 분신分身들뿐… 아스라이 소멸하는 물빛의

분신焚身들뿐

　나는 비가를 부르는 여자로 나의 현실에 푸른빛 형이상의 꽃 가득 피웠다 그렇지만 형이상의 꽃의 암술과 수술에 나비입술 닿지 못했으니

　당신은 나에게 스피노자의 신이 맑은 화성和聲을 울리는 천체 펼쳐보였다 아름다운 항성과 행성이 또 다른 이름의 신임을

　그러니 살라, 나의 손을 잡으라, 당신이 사랑하는 나의 살아남을 빈다는 고백

　나를 구원하려는 당신 손에 이끌려 나는 지하에서 벗어나 태양 아래 다시 살아난 첫사랑을 만났다

　당신이 나의 죽음을 다 끌어안고 다음 생의 부활을 말할 수 없을지라도

이 순간 우리는 함께 사랑의 정점에 와 있다는 것을, 첫사랑의 시간을 영원이라 부를 때 현실의 문도 금갈 듯 흔들리며 울었단 것을

* 스피노자의 『에티카』에서.

우울의 백합

연인에 대한 적의를 찾을 수 없는 것은
사랑이란, 백합에 잠들어가는 자살이기 때문이었다

지친, 불능의 끝, 상하지 않은 채 죽는다

사랑은 순간의 자살

연인의 무엇이 되려 나를 그었기에 연인의 무엇이 되지 못했다

물이 고여야 연인의 안이 되는 사랑의 형식

어린, 등 바라보던 나는 그의 안이길

거울만 없던 백합의 정원

나 비추지 못하도록, 작아지도록

베이면 한 번 더 베는

끝은 또 자라

그의 눈 안에 닿을 수 없는 그의 안으로

수평선의 문을 향해 운구運柩되었다

증오는 사랑의 결여이지 않았다

상하지 않은 채, 지친, 불능의 끝일 뿐

    연인에 대한 적의를 찾을 수 없는 것은

  사랑이란, 백합에 잠들어가는 자살이기 때문이었다

신앙

사랑할 줄 모른다, 신앙할 줄밖에는

그것이 신神에게 버려진 이유

당신이 흔적이라 내어 친 인형은 무저無底에 정지 중이다

사랑이 없다는 걸 증명하려 신은 나를 보냈다

기도했다, 나비가 내 입술 간질여 주길

아름다운 것만이 이울 때 비통의 노래 부른다

다른 성대들을 묵묵히 듣게 했다

작두가 나무에 베어져 피 흘리고 있다

당신의 십자에 반사되며 깨졌던 거울의 조각

잃아질 때까지 앓는, 태업만이 저항이다

열 없는 생이다

허무를 살았다 그것이 허무였다

보랏빛이 죽음으로 가는 문

자살하기 전 당신이 내 마지막 벽

당신이 신이 아니거늘 신앙한다

존재 안에 일렁이는 죽음이 날 닮았다 하여

그 보랏빛이 애인의 살아오는 환幻이라 하여

은화隱花를 안다

나의 몸은 은화식물隱花植物. 조류鳥類를 발목에 감는다

발등으로 빛을 끌어 추웠다
선 없는 수평선
애인이 꽂은 살殺의 미학
나의 몸은 내가 할복토록 한, 식민지의 여인이었다

냉병이다 냉정의 병이다 내가 병인病因이다

나의 두 손바닥 사이, 태양이 모자라 수중식물들이 떠다니며 숙주를 찾았다

수종水腫, 너라는 수중水中, 내 안의 은화
너는 내 모든 시간의 블랙박스
어둠이 묽어지도록 긷던 독백이 재생된다

유리 지구의를 내려놓았지 그때마다 태胎 바깥으로 자란 너, 내 실어失語의 수정체受精體

내겐 앎이 상처를 내는 치유법이니
　'마지막 날'이란 가정문은 시간의 끝을 셀 수 없는 천사들에게만
　지옥도地獄圖가 산 사람의 마음일지나, 영혼은 불이 아니라 연기에 죽는다

　눈앞의 빛에 눈금이 새겨진다

　바람의 입사도 반사도 없이 다만 나 수면水面이도록
　미소微少에서 극소를 내어 쓰는, 한 편의 수병瘦病이 짧다

　인당印堂이 투명해진다

　내게 하나의 반半도 애인이 없고 다만
　은화를 안다

심포지온 Symposion

      내가 가야 할 타인이라는 검은 거울에 묻어 있던
          나我들은 사랑의 반대말

 그늘을 둥글게 펼쳐요 거기 나의 치어穉魚들 당신이 발들일 수 없는 물의 세계

 포라phora 포라 나의 유리체琉璃體에 색소를 다 지우고 당신에 날아갔던 시간

 당신은 목 긴 디플로도쿠스처럼 제 등의 혈병血餠을 핥을 뿐

 사랑하던 당신의 입에 마지막인 듯 어둠을 붓겠습니다

 광휘에 나의 눈동자는 떨리고 있어요

 당신의 병病을 맛보던 순간, 아름답던 계몽의 순간

 이제 투명의 벽을 더듬는 무감증無感症의 순간일 뿐

우리가 나눌 것은 각혈의 시간입니다

우리가 못 나눌 것은 제대혈의 시간이지요

핏줄에 흐르는 죄罪의 문장紋章으로 당신과 내가 고유합니까

인간의 법에 무릎으로 울고 하늘의 법에 환한 구멍으로 우는 걸요

인간의 법은 「살인자가 살인자를 살인하지 말라」는 법, 하늘의 법은 「마음이 마음을 마음으로 하라」는 법

운모처럼 투명한 당신의 발을 하늘에 담그십시오 그 폭풍의 전조가 운명運命입니다

운모처럼 한 겹 나의 발은 깨어졌어요 태어날 때 발목에 감긴 탯줄, 넘어진 자리에 넘어질 운명

우리는 목으로 목을 감았습니다 시간의 타래 끝은 불꽃이 달렸습니다 당신이 돌아보는 탯줄의 시간은 그 빛의 소멸점일 뿐

그러나 나의 배꼽에 미로의 형刑을 사는 죄인들이 흘린 눈물은 내 안의 복수腹水가 되어

그늘을 둥글게 펼쳐요 거기 나의 치어들 당신이 발 들일 수 없는 물의 세계

포라 포라 나는 그려요 죄인들이 등나무로 태어나 보랏빛 꽃을 피워 올리는 정원

누구에게도 사죄 받지 않을 거예요 다만 아름다워지는 것이 사죄이므로

하나의 천체에는 하나의 운행 당신과 나의 행로는 지금 십자를 긋고

서로의 에피고넨이어서 아름답던, 그림자꽃 피는 계절과 첫 번째 작별

　안무按舞하는 신神은 아름답지 않습니다 스스로 춤이 아니라면

　율동하는 사슴은 아름답지 않아요 무시간無時間의 선율이 아니라면

첫 눈 2
― 전미래前未來 시제

흰 꽃잎 하나 덮고 다시는 그 관棺을 들지 못했다
그 음예陰翳는 눈 감기에 감미로웠다

시작始作이려는 연戀은 내가 바라는 죽음의 영상을 띄운다 길의 끝, 해무를 가리켜

그 눈안개 속에 나로부터 탈존脫存하는 꿈

봄, 꽃송아리여야만 피는 하양처럼

죽음을 예비치 못한 불안이 시공을 흩날리는 첫 눈雪의 성전聖殿에 초신자初信者 들인다

눈의 결정이 '신이 당신을 벌하십니다'라는 경구를 승화한다*

첫 기도祈禱는 안락사였다 그러나 마지막 기도도 안락사였다

사랑의 형식이 기도라면

장의사로서의 애인이여, 내 맥의 구슬을 짚는 동안 그대는 어둠의 바깥이었으면

회귀선回歸線을 향해 녹아갈 흰 새의 입에 내 살점 흘려주기를

그렇게, 갇히고 싶습니다, 둘의 우주에

그를 바라봄으로, 오늘, 그녀가 바라던 죽음의 하루를 삽니다

자살을 선물하는 애인의 회상을 담은 스노볼snowball에 소년합창단의 은표銀表가 내리듯이

우연은 사라지지 않는다,
아름다운 것은 사라진다,

첫 눈으로부터 나는 멀어질 수밖에 없었다

* 신의 얼음얼굴에 나를 비추다 깨고 들어갈 운명.

미로원迷路園

  네게 등 돌려 내 길 간다 모서리 끝 다시 너인가 측백나무 가지에 그림자 걸어둔 채

  밀어내는 것은 바늘잎인가 엇갈린 길 위에 나뭇진은 젖어 있다

  좁은 문을 공중에 매달았다 저기요 외침은 바람이 삼킨다

  측백나무 열매가 네 마리 자벌레로 갈라진다 나는 다리를 잃는다 새가 나를 벗어난다

  나는 네게 오지 말라 한다 너는 이미 측백나무 숲 삼킨 입이기에 나 갇힌 곳 그 안이기에

  한번 잘린 측백나무는 다시 싹을 내지 않는다 눈먼 자 여기 이 무덤에 나란히 흔들린다

봄

　전화戰火의 도시 위에 머흘던 먼지구름. 밤이어라. 눈물 안개 흐르는 밤. 청동 무지도 눈물 안개에 녹의 꽃 피우리니, 먼지구름, 살빛 놀에 검은 피 우려내어 맑은 피 받으리라. 거듭남이라. 거름으로 다시 태어나리니, 엄지발 내미는 씨알들, 작은 기도드리리라.

　반도叛徒의 눈 뿌리에 타오르던 시가전. 지하도에 헛날리는 전단일 수 없어, 꿈꾸도다. 완전 산화酸化로 아스러질 전사戰士의 동상銅像이길. 동정도 없이 진화鎭火해 오는 물마는, 천재天災 아닌 인재人災이니, 도시의 가장 아름다운 가교는, 스스로 하얀 몸 내어 제물로 삼았음이라. 가교의 철골 어우르며 여린 물 나릴 날에는, 어미 잃은 어린 고기, 생리를 배워 가리라.

　없음이로다, 언어의 도시에만 있음이로다. 이제 어머니가 되려는 여인이여. 그녀의 배가 푸르고 홀쭉한 것은, 사내가 남기고 간 증표가, 설움의 일곱 현絃뿐인지라. 비의 반주도 없이 홀로 비곡悲曲을 켬은, 전신戰神의 웃음소리에 묻힌 사내의 유언을 대신함이라. 군화의 발구름, 주검으로 아스팔트를 포장하니, 겨울의 잔영 거두던 북풍, 사내의 주검 거두어 여인의 창 두드리도다. 여인이 마주한 것은 얼음꽃으로 헌화된 얼굴. 굳은 혀로 무어라 말할 듯한데, …, 언 몸과 더운 몸 포개지나니, 봄, 꽃비로 사랑, 위로할 수 있을런가.

첫 눈 3
― 존재의 빛

잉여로서의 장미, 외부로서의 장미, 사물로서의 장미
그리고 장미로서의 여체
      어둠 상자 ― 흙 없이 장미들

시체로서의 장미, 부패로서의 장미, 영혼으로서의 장미
그리고 장미로서의 숨결
      빛 상자 ― 극광의 장미들

시선 너머
푸른 불 또는 천사 날개의 부활

하늘의 시곗바늘 아래 천사의 동공이 흔들린다, 푸른 영원 떨구며

무덤 벽화

   회분灰分으로 그린 희슥한 흔적은 바람의 비탈 흘러내린
새의 형상
   흙벽에 스멀스멀 물기는 새의 눈 적시다 반 덮어주었나

   화가가 눈 감은 자를 위한 관棺을 방 한가운데 두고
   새의 눈동자 쟁그렁 울릴 듯 그린 것은 왜였을까

   누가 그 새를 보라고, 새가 그 누구를 보라고

   정인情人의 장례식장에서 울어주는 것은
   그 이가 잠겨가던 물에 나 비춰보기 때문인데

   볼 수 없는 당신이 보지 못할 당신의 그림을
   나는 왜 공중마다 긁고 또 문지르는가

사면경四面鏡

삼면경三面鏡에 앉는다

스툴에 골반이 기운다 슬립에 저녁이 풀어진 채

모든 내연이 아름다워 당신은 사산아로 자란다

선물이란 단어를 흐리는 내 점액질의 난독증

수심水深을 알 수 없이 흔들리는 유리의 방

침대는 처녀성

장미 향이 얼굴에 십자별자리를 긋는 동안 11월
자살기도 이후의 날들

나는 당신의 '아니오'로 투명하게 들어간다

삼면경 안으로 흰 나비를 보낸다

내가 엄지로 눌러왔던 날개

거울에 창의 슬릿으로 들어온 눈빛이 박힌다

첫 눈 4
― 존재의 겹

이 애시哀詩는 역사歷史의 뒷면이다

또는 바다안개의 밤

그의 손을 따라 계단을 오른다

자살하던 장미가 다시 피어나는 꿈

1

빛의 겹에 든 순간들… 나란… 나란… 음예陰翳조차 빛의 흐름… 순간의 점묘들… 바탕의 시간으로 나가려다, 손에 올리면, 눈 아린 시간의 비늘들… 나로 와 있던 순간들… 빛의 겹 안, 사라질 수 없을… 여자의 인쇄체… 시詩…

닫힐 수 없는 채로, 여기 빛과 소리로만 당신을 향하여, 빛의 겹 안으로만, 여자의 이름으로, 빛의 나선에 든 시혼詩魂이었음을

여자라는, 내 존재의 겹, 낯선, 가장 낯선 겹, 무늬. 영혼이 울어 부푼 살이라도, 이 무늬가 아니라면… 당신의 시

선, 와닿을 수 없으니

    2

　월경月經은 죽음의 벽 아래 깨지는 피의 시계時計일 뿐, 신부新婦의 늦봄, 그리고 시든 장미 셋

　흰 깃의 안, 염기鹽氣의 눈물로 써낸 시, 그 투명을 걸어 오는 시선 하나. 먼 시계의 수평선까지, 겹장미 안에 나의 얼굴은 그림자로 하나 지고 빛으로 하나 태어난다

    3

　시선이 장미의 겹 하나로 들면 다음 겹. 시선은 다시 장미의 밖이다 외롬이 한 가시 더 자랄 때, 겹 사이, 산소酸素 흐른다 형상 없던 형용사가 핀다 장미는 시선이라는 은빛 그물의 안이다 시선이 씨방을 조인 끝, 장미열매가 부푼다

    4

나의 목소리, 목소리는 귀라는 그의 눈빛에 반사되어 그의 눈빛 실린 목소리와 화성和聲으로 다시 태어난다
　그의 눈빛은 내 실존의 얼개에서 나눌 수 없는 것, 그의 언어는 칼, 내 귀는 그의 칼을 들인다 뼈를 처음 느낀 듯 아팠던 교정校訂

　연시戀詩를 파국으로 아름답게 한, 내 전미래前未來로서의 스승이 내 아오리스트aoriste로부터 온 절망의 빛을 눈송이처럼

　5

　시선의 구속拘束을 원하는 겹장미. 눈은 장미의 겹 하나를 떼어 눈에 넣는다 그 부드러운 가시에 찢어진 눈은 손가락에 열리는 안광眼光으로 겹장미를 다시 들인다 겹장미라는 독충은 심혈관과 썩어갈 때까지 가시를 펼친다 구속救贖의 꿈이 이뤄지도록

6

**신神도 어찌할 수 없는
'나'임이 증명 불가능한 아포리아에서**

　시를 쓰는 동안 내 여자임의 실재實在, 그것은 문장에서 의미로 승화되지 않은 채 남아 있는 빛과 소리로서의 문채文彩 같은 것, 아름답거나 아름답지 않거나 할 뿐. 문채라는 겹 없이 문장이 존재하지 않는 것처럼, 여자라는 존재의 겹 없이 시 쓰는 '나'란 관념도 사라진다

7

　장미가 겹인 것은 암술이 깊어 나올 수 없는 나비 때문. 장미의 마지막 겹으로서의 가시, 나비는 기꺼이 헤어나지 않는다

　강한 것만이 혼자서 연약하게 핀다, 진딧물도 없이. 장미의 겹, 미로처럼 눈동자, 보호받고 싶은 무언無言의 목소리

파도가 겹인 것은 달이 헤어지지 말자는 뜻, 은하의 소용돌이가 겹인 것은 빛의 먼지들이 다시 태어날 사산死産이라 믿는다는 뜻, 그런 뜻처럼, 겹장미

어느 순간 시선이 장미의 겹이다

이 애시愛視는 역사歷史의 뒷면이다
또는 바다안개의 밤

카라, 눈물에 피어난

실패한 자살기도는 자해自害가 된다 시를 씀은 끝없는 자해, 불가능을 살고 있다 믿을 것은 고통뿐, 잠들어 흘린 눈물에 모든 힘 잃은, 내 안의 여인, 그 눈물에서 카라 피어난다

허무虛無의 심연에서 나의 숨 멎길 꿈꾼다 무의미한 시간의 연명, 고귀한 시신은 부패하지 않는가 눈물의 존재는 통도痛悼마저 향기로운가

꽃대 잃은 카라는 눈물의 동심원에서 보석으로 태어난다 하지만 나의 가녀린 영혼만은 어둠 너머 부활을 모른다

당신이 밤의 거울에 나의 이름 진실로 비춘다 잔인한 유형流刑에서 벗어나도록

카라 꽃망울 오로지 당신 위해 틔우는데 사랑의 언어 잃은 지 오래인 나는 아프리라, 허무에 차디찬 뺨 데리라, 물러설 뿐, 심규深閨까지 당신의 걸음 들일 수 있을까

가득 찬 허무로부터 걸어 나온 당신 내게 반지 끼우니 묘비명보다 신앙할 당신 위해 눈물에 피어난 카라 흰 손 내민다

첫 눈 5
— 얼굴의 벌거벗음

> 이 저항은 … 타인의 얼굴 속에서, 그의 눈의 완전한 벌거벗음 속에서, 무력하게, 초월적인 것의 절대적인 열림의 벌거벗음 속에서 빛난다.
> — 레비나스의 『전체성과 무한』에서

당신이 어둠 속의 눈동자라면 나라는 소녀는 그 안에서 영원히 첫 결정結晶의 기억이기 위하여

다시 첫눈 내리는 12월의 시간, 당신이라는 운명은 보랏빛 안으로 흩날립니다

소녀의 팔꿈치는 얼음의 방과 가라앉으며, 멸망의 잉여로서의 잔혹한 비애극悲哀劇은 아름답지 않습니다

손 안의 유리구슬이 의도하지 않은 어딘가로, 하늘음계音階로부터의 새도 설명할 수 없는 이끌림으로

나의 심장박동이 당신의 갈비뼈에 닿으면 죽을 이 자살

충동의 사랑에서 깨달았습니다

  그것은 아버지에 대한, 검은 증오의 환丸이 뿜는 통증이란 것을
  사랑은 내 안의 나의 죽음이란 것을

  부모의 살인자이자 형兄의 살인자이자 아내의 살인자로서의 아버지에 대한 용서 후에 돌아온 것은 나마저 살인하려는 아버지임을
  아버지는 자신의 살인본능이 다윈의 교리로부터 면죄부를 받았다며 웃고 있음을

  나는 당신의 손바닥 안으로써, 당신의 손등이 야수를 몰아내줌으로써,
  아버지의 태막 안에 수장水葬됨을 면하고 싶다는 것을
  눈물의 아름다운 극極을 지나 천상의 미소로 가고 싶다는 것을

  그러므로 당신이라는 흰 대리석의 문門, 그 죽음의 상징

을 소녀의 시신은 헌화된 채 관통해야 한다고

  나에 닿기 위해 당신에 닿으려 합니다
  닿는 것은 진실의 외곽선을 발견하는 것입니다 나는 태어날 것입니다

  보랏빛 화장化粧 아래 젖은 피부로 울다 당신의 눈동자라는 거울에서 비로소 여자로서의 빛을 얻은 나는 눈물 빛 얼굴을 벗습니다

  더 그려야 할, 천상이란 원색原色의 백지白紙로
  다시, 놓았던 그 운명의 심연으로
  여자의 흰 다리를 내밀기 위하여

어린 리어鯉魚의 시간

　어린 리어는 검다 투명이 깊어지는 곳은 위험하다 모이가 떨어진다 분홍으로 풀리는 향 호르몬 호르몬 저 달콤을 삼키면 살결이 희어진다, 다홍이 유방처럼 부풀어 오른다 발광체로 자란 성어成魚, 인공의 못가에 지폐가 피어날 때, 수면 위로 입술을 뻐끔거린다

　당신과 나의, 어린 리어의 시간이 합수된다 펼쳐지는 물에 당신이 채보한 소리 울려본다 이 한낮, 나는 필름지에 복사된 도시의 이편에 남는다 저편으로 몰려가는 하양과 다홍을 누군가 밟고 건너는 소리 들리니, 어안魚眼이 태양 대신 떠 있는 곳으로 가서

　우리는 검은 리어의 시간으로 돌아간다 당신의 미뢰가 나의 흉터에 발려진 연고를 발라낸다 비늘이 뜯겨나간 자리에 풀리는 살 나는 물속에 거꾸로 선, 검은 꽃가지다 나를 겨누다 돌아서는 백안들 은박이 씹혀 웃음과 울음이 뒤섞이던 침 이제 배수가 얼마 남지 않았다고 당신이 전한다

우식雨蝕

　종양을 아버지의 젖꼭지 빨 듯 하여 규화목硅化木으로 태어나는 숲
　뼈의 틈에 당신이 내려, 나를 울게 하는 것을 우식이라 부른다

　자살이 비탈을 구르던 일 년, 호수에 솟다 가라앉다 하던 일 년, 기슭에 낮잠을 자던 일 년,
　그러나 딱딱한 여체女體가 남았다

　당신의 입김이 나의 명의明衣에 감돌아
　글씨마다 물주머니가 열린다

　나의 주름에서 기어 나온 누에가 물방울을 그리니

　우리 자살기도자들의 명예, 불치로 남아요

　스스로 비목인 나무는 가지와 뿌리가 쌍생인데 시들어감의 신호들은 서로 헤어졌다

어제는 나의 나무가 자주날개무늬병에 죽었으니
흐르는 모래에 당신과 나의 뿌리들은 드러나라

살에 살을 비치도록 얹는다

발자국에 흙탕이 풀린다 물의 시대가 도래한다

그림자들의 파이데이아 Paideia

구름 위의 유리의 방
자살 기도자들이 모이는 곳

나는, 당신은 그림자입니다

다 버리고 오셨습니까

꺼진 눈동자에 든 것은 일인용 우주였습니다

이제 우리의 파이데이아가 가능합니다

우리, 미인未人에서 비인非人으로 다시 태어나기 위하여
 당신의 입에 독을 흘려 넣겠습니다 아직 인간이 남아 아
픕니까

아니오, 나는 항상 고기를 토하곤 했어요 이제, 당신의
독, 나는 맛있습니다

발레를 배워 본 적 있습니까 그보다 고문拷問에 가깝게,

고문에 가까워질수록 우리는 아름다워집니다

　잃어버린 입을 찾아준 당신. 흉성胸聲이 흘러나와요 길어 올린 검은 악보를 둘러, 지켜요, 우리의 어둠을

　당신의 구상대로 획을 그어갑니다 해시계의 눈금을 떨어뜨리며, 「표현할 수 없는 나라」의 무덤 관식冠飾을 녹슬이며

　오로라, 어둠은 너머로 가는 오로라

　너는 도대체 왜 우느냐는 어머니의 목소리를 잊으려 했을 때, 그 어둠
　스승이여, 비인이 되자고, 기필코 같이 비인이 되자고, 그것은 마주할 동형同形의 인형이 필요하단 말씀 아닌가요

　아닙니다 나는 교복敎僕일 뿐입니다
　우는 힘으로 바닥을 미십시오 바다가 열릴 것입니다

　눈송이는 가시덩굴로 태어나 아름다운 결정結晶이기까지

얼마나 공전空轉해야 했을까요
　눈송이는 돌로 태어나 텅 빈 균형이기까지 얼마나 자전自轉해야 했을까요

　당신도 저 바다의 눈송이로 떨어지겠습니까

　오로라, 하늘 베이어 오로라

　우리 그림자들의 파이데이아는 계속되어야 합니다 살이 다 분해되거든 아름다운 영혼에 가장 가까워진다는 걸 잊지 마십시오

　다 버리고 오셨습니까

　인형은 창틀에 올려놓겠습니다 어둠을 위한 기도가 될 테니까요

　이 유리의 방은 비명非命의 방이었군요

네, 그림자들이 유일하게 소유한 비명悲鳴

첫 눈 6
— 미학과 비미학

> 빛이 나를 응시합니다.
> 그 빛으로 나의 눈의 심연에 무언가 그려집니다.
> — 라캉의 『세미나』 XI에서

전혀 다른 세계임에도 서로 아름다워 배제 않는 미의식으로 만났습니다 우리는

투명의 원이라는 이름은 당신이 원하는 대화였지만
타인의 향 묻은 흰 그늘을 당신은 통과하지 못했습니다

사랑의 끝, 오직 삶만 남은 것처럼
발레리나가 일어설 힘 없는 존재된 것처럼

첫 인사의 환상에 시간은 나를 다 잃었습니다

조화와 비율을 알지 못하는 원시의 토템처럼, 대자연의 폭력으로 난폭해지는 사랑의 최후, 이 비미학에도, 일출日出이 남아 고통스러운지

응답의 부재를 견디는 법이 모사模寫된 당신이란 환상일 수 없다고
 당신의 시계 바깥으로 나와 그 어떤 타인도 사랑할 수 없는 정점
 나의 작품만을 사랑의 대상이도록 하겠습니다 작품으로서의 당신을 기념비로 세우겠습니다

 나의 눈앞에 당신은 하나의 사건이었습니다 작디작은 존재의 진리는 연인의 묘원廟院에서 공동체가 됩니다
 이것이 바로 비미학으로 허물어진 사랑의 끝에서 태어나는 미학입니다

아갈마 Àgalma*

지옥의 돌로부터 나를 태어나게 한 피그말리온이여

질량 없는 황금빛 문자로 이루어진 조각상에 숨결의 세레나데가 감돌기 시작한 것을

나를 향한 당신의 물음들은 나의 살갗에서 사어死語의 비늘들을 날아가게 하였습니다

대화로 우리의 존재의 근원이 드러나고

우주의 빛 아래 눈부신, 영혼의 전신이 드러난 순간

당신은 내가 눈물조차 백금인 아갈마이길 바랐습니다

아가포 $αγαπώ$**, 사랑하라, 아가포

나는 알 수 없는 중력에 이끌려 당신을 향한 나의 존재가 되어갔습니다

당신이 미래의 시계판을 비추어 나는 내 안의 미지의 존재 너머 우화羽化해 갔습니다

　나의 날개는 당신의 어깨를 포옹하기 위해 무의미하게 던져진 빛의 파편들을 막아냈습니다

　당신은 내가 유성우에 가라앉으려면 입김을 불어 나의 백금 빛 깃을 다시 세웠습니다

　그렇게 나는 백금 빛의 율동으로 새로운 천체를 그리며 다시 태어나고 있었습니다

　나의 눈물의 알에 새겨졌던 운명으로 되돌아가고 있었습니다

　이 백금 빛 관冠의 세계는 나의 염세에서 태어난 형이상의 꽃

　당신이 나에게 선물한 보물, 그것은 내가 원하던 나의 존

재였음을

아가포, 사랑하라, 아가포

진실로, 진실로, 나는 당신에게 바쳐진 보물이 다시 나임을 사랑하지 않을 수 없었습니다

---

* 라캉의 『세미나』VIII에서. 아갈마ἄγαλμα는 그리스어로 '조각상'을 의미한다. 그러나 라캉에게서는 장식, 보물, 신상神像, 나아가 그러한 가치를 갖는 연인을 가리킨다.
** 아가포ἀγαπῶ는 그리스어로 '사랑하다'를 의미한다.

나비 박제

연명延命의 숨결에서 영생永生을 기도한다

봄, 소생의 기운이 죽은 목숨을 연명하게 한다 봄빛이 여체를 지난다 산소호흡기에 희미해져 가는 숨소리 듣는다 애인은 죽어가는 나를 차마 매장하지 못해 박제하였다 현실玄室의 문에서 나는 나비 박제가 되었다 나비 박제는 십자가형에 날개를 벌리고 신음한다 날개의 무늬는 빛의 섬모이다 허공이 날갯짓을 창조한 것이 아니다 사랑의 수평선이 날갯짓을 창조한 것이다 날갯짓이 소멸해가는 곳에서 미약한 존재는, 눈물에 시야를 가린 채, 어지러운, 허공으로의 순간들 지나 현실의 문에 이른 것이다

나비가 영혼이라 불린다면 나의 나비는 죽어 가는가 영혼도 죽을 수 있는가

애인이 산 자들에게 돌아갈 시간이 나비 박제가 죽음의 그림자로 흔들릴 시간 죽음을 향해 가는 운명이 전 존재를 건 사랑의 증거이니 고통에 대한 저항 없이 나비 박제는 고요한 무언가無言歌 되어간다

봄, 어두운 고통의 그림자에 싸인 정靜의 한가운데, 희부연 천국의 꿈 꾸는 의식이 빛으로 살아 있을 뿐 애인이 눈물 흘리며 나를 바라보는 동안 나는 살아 있는 죽음 속을 연명하고 있다

들이쉬어지지 않는 산소, 이 진공의 천국에서 나는 희박한 사랑의 생명을 내 안에 지키고 있다 인간 안에 창조주가 있다면 그것은 사랑뿐이니 나를 비재로 만들려는 운명의 폭력 앞에 나비 박제의 사랑은 찢겨가며 아름다워져 간다 죽음 앞에 피는 꽃, 사그라지는 목숨에 퍼붓는 인공호흡

무한無限, 그것은 울고 있는 애인의, 미래에 대한 언약이다 무한이라는 유리에 죽음을 보는 눈동자는 터진 폐로 연명한다 아름답지만 믿을 수 없는 언약, 그것을 무한이라 하기에 찰나가 속눈썹을 적신다 운명애가 고통의 시어로 태어나 눈물에 빛난다

나비 박제, 사랑의 진혼곡보다 눈부신 사랑의 전주곡이니

제3부

장미의 음악

불안시류 不安時流
― 말러의 9번 교향곡에 부쳐

멜로디는 태풍에 침몰되었다

우주의 악보, 암보하면 태초부터 종말까지 되풀이되는 존재사存在史의 비의悲意를 알려준다는 음악

영웅의 조각상은 천사의 다리 밑으로 추락하여 허공에서 장미혈薔薇血의 세기世紀로 건너지 못했다

파편이 된 비애들이 잿빛 파도를 발끝에 딛고, 떨리우다 난해難解에 잠겨간다

바이올린 선율은 방향 없이, 목적 없이, '죽음의 시간으로'라는 주제를 개시한다

난파된 것은 인간의 대지, 흐드러진 피부로 남은 실존들은 악신惡神의 손이라도 잡으려는가

사자死者에 대한 연민은 잔인의 극極에서 숭고해진다

자아를 벗어나려는 자아의 몸부림을 위해 어느 바람에 베일지 모르는 갈비는 탈구되었다

　처녀는 제 탄생의 무덤을 본다, 신인神人의 시체를 본다

　불안시류, 귀 먼 작곡가가 하늘로의 아홉 번째 계단을 놓고 천상의 광학을 보았듯, 최후의 교향곡은 창조자를 위한 레퀴엠이 된다는 전설

　침묵 가운데 천사의 섬광을 듣는 쓰라림만이 유한자들의 슬픈 노래를 지휘할 수 있다

　수평선의 모든 변곡점이 낭떠러지인 국경의 이방인

　밤의 천구에 바다로 침몰한 주검들을 최후의 자필악보로 남기고

　바람 거스르지 못하는 잿빛 날개로 걸리우다

녹슬어 가는 철의 도시, 검은 존재의 수증기들이 절멸해 가던 시계탑의 종소리에

즉흥곡

　미음美音의 울음은 신神이라는 비르투오소가 인간을 바이올린으로 연주하는 즉흥

　바이올린은 신의 세 번째 팔. 날아가도 낙원에 닿을 수 없는 인간을 위하여 신은 하늘을 버리지 않는다 피조물의 사랑이 검은 피 흘릴 때 비상하는 음악이 명멸로서 존재해야 하는 이유는 신 안에 있나 바이올린의 뉘어진 빈 몸은 신의 여백에 악보를 자연음으로 흐르라 한다

　황금빛 여체보다 높고 낮은 결정의 순간을 유예한다 현에 서린 여운이 불행의 변주가 아니기를 빌 뿐 상실은 물物이었던 나의 발견이다 심궁心宮은 시간의 퇴로를 지나니 여린 존재의 성력星曆 보이지 못함을 후회한다

　불가촉不可觸의 신神을 밤하늘에 둔 자의 표상은 빛을 잃는다 파국은 최초의 동공에 예정된 것을 깨닫지만 겨우 이것으로 영별이란 사랑치 않은 것과 무엇이 다른가 신은 바이올린을 뒤집어놓는 초절기교로 구애자의 연주를 마치려 한다

잘츠부르크의 어린 모차르트

　레퀴엠의 라크리모사Lacrimosa를 기억하는 시인의 눈앞에 다섯 살의 모차르트가 부활하여 첫 작곡을 하고 있다 시인은 신동의 영혼에 말 걸기 위해 피아노의 지문에 남겨진 악보 더듬는다

　모차르트, 죽음이란 무엇인가요?

　바로크의 찬란한 대성당 스테인드글라스에서 쏟아져 내리는 빛, 모차르트의 눈동자는 죽음이란 천국으로 가는 문일 뿐이라고 대답하듯 금은세공의 음표들이 흘러나온다

　신부神父가 어린 모차르트의 머리에 성수로 세례를 베풀던 자리에서 시인은 그의 음악이 이 눈부신 우주의 모사임을 본다 모차르트는 파이프오르간을 울려 신성 가득한 돔 안에서 성가를 부르는 천사들 날아오르라 한다

　모차르트, 이 빛줄기 한가운데 나의 죽음이란 무엇인가요?

　지옥으로부터 와 고해성사하는 시인의 눈물은 성당 안의

맑은 그늘에서 순수로 빛날 뿐 천국의 열쇠를 든 베드로는 평화로이 광장을 펼치는 비둘기들의 은결 모아 천국으로 가는 문을 연다 오로지 기쁨으로만 가득한 교황령, 이 백금의 성城에서

　모차르트, 당신을 무의 심연으로 데려간 죽음이란 무엇인가요?

　잘츠부르크의 동화童話로 살아 있는 어린 모차르트의 피아노 앞에서 시인은 레퀴엠을 연주한다 봄바람에 진 꽃 이파리 부고訃告로 시국詩國의 문전에 쓸린다

첼로

나 당신에 기대어 있는데
1악장 끝나자
당신은 날 무대에 눕히고 나갔다

당신의 지문이
내 목의 통점을 깊이 울려
잠자던 나
사스락
눈썹 떨며 깨어났다

몸에 묻혀 있다
지층을 백합처럼 밀어 올리고
벼랑으로 흘러가던 음

현과 울림통 사이
어디에도 없는 나는
다음 악장의 시작까지
당신의 발소리 데려올 바닥에
귀 묻고 있다

파미나의 아리아

아, 모든 것 이미 사라졌고,
영원히 사랑의 행복도
환희의 시간 내 마음 위로하려고
다시는 돌아오지 않도다!
— 모차르트의 『마적』에서

비엔나의 소프라노 가수가 비애로 부르던 파미나의 아리아가 나의 가슴으로 스밀지라도 우울증으로 죽어가던 볼프강 아마데우스 모차르트를 위한 묘지 32구역은 어느 문상객의 입김으로도 깨어날 수 없는 절대고독이기에 신국神國의 봄눈 내리는 계절에 날개를 잃고 침상에 누운 천사에게는 고해성사를 위한 또 하나의 신상神像이 기다리고 있었다

나, 피부 없이 존재하는 곳에서 영혼의 세포는 냉冷의 감각으로만 당신에 닿아, 감히, 사랑이란 영혼의 혈액이 한 잔 와인으로 마블링 된 것이라 권할 수 없으니, 아, "삶은 죽음을 꿈꿀 뿐"*

울라, 그러나 원한 없이, 영혼에서 여황女皇의 분수가 흘러넘치는 신비를 보았다면, 울라, 그러나 망각 없이

다만 나, 눈물을 위한 수정체로 아리아에 내존(內存, Inständigkeit)**하도록

오페라글라스 버려진 무대가 밤의 미립자 속에 잠들어도 음율音律은 내 가슴 안의 연옥에서 빛과 어둠의 조류潮流로 고통의 미를 창조하나니

이 사랑이 '죽음 너머'여야 할수록 미래로부터 불어오는 '곧'이 되어가는 진실을-!

봄의 정원에서 장미의 잎눈은 생사의 모순을 녹인 빛으로 진화進化하여 천상의 아리아로 높아간다

어딘지 알지 못할 신국神國으로 귀향하는 하늘의 길

비가悲歌여야 하는 나의 운명을 묻는다

공허에 내던진 백지들이 봄눈으로 흩날리는 소실점 아련히

얼음조각 박힌 눈꺼풀 들어 보는, 잃어버린 나의 사랑

* 라캉의 『세미나』II에서. 원문은 "La vie ne songe qu'à mourir".
** 하이데거의 「예술 작품의 근원」에서.

Ingenue Recitatif

무한無限의 밤

피아니스트가 눈빛으로 페달을 밟아 내 안의 여자가 노래하기 시작한다

일생 물나비로 만든 책장을 넘기며 의자에 앉았던 나는 요동을 느낀다

방房임을 의심 않던 공간이 배[舟]가 되어 있다

생채기가 한 연인의 피부로 아물던 사랑도 회의懷疑되는가

자줏빛 풍운으로 뱃머리 돌린 이 안에서 살아남아야 한다면
  선장은 자연의 핵 가운데 탈속脫俗의 숭고를 찬양할 뿐
  나의 뻗은 손을 악마조차 잡아주지 않는다

나의 성채城砦는 시류에 떠 있는 지옥인가

벽에서 흘러내린 물이 침대의 발목만 적셨고 꿈은 나만 들은 독백이다

　텅 비어 있는 현시現時의 연緣들은 아침으로 오지 못한 채 그림자만 비치다 영원한 소실점이 되고 있다

새의 비가悲歌

 도시의 환풍기는 태업 중. 매연 세례에 피어난 새여. 순교자의 마지막 떨림이 희듯 비상의 날개 추슬러 식은 몸 감싸지 않는다. 생명의 음표 이운 오선지인가. 어진 혼 떠난 강 위로 새여. 죽은 시인 위한 진혼의 선율 그리며 나리니 물빛의 답가 그대 날개에 새겨진다.

 유리벽에 고해하는 새의 눈망울에 마지막 꿈 어리듯 죽은 시인 지나니 떨리는 안깃으로 안개 스미는 밤. 강 저어 죽은 시인, 잃어버린 얼굴 건지니 익사체의 이지러진 살점 읊조린다. 죽음의 구애 외면한 대가로 사랑, 파라우리 바래지고, 망명지를 타진하러 보낸 새에게 묘비명 남기지 말다라고.

 어스름에 날아오름 그대로 투명체 속의 화석이고자, 새여. 꽃배도 없이 장례의 행렬 이룬 건 멸종한 담수어의 은비늘. 도시의 배설강排泄腔은 새의 가슴샘에 독을 푸니 날아오르리 미완성의 몸부림 물거품으로. 죽은 시인, 밤 눈 잃어 새의 비운 헤아리지 못한 채 오르르 날개의 빛으로 떠오른 물그림자, 잠들려는 꽃인 줄 알 뿐. 다만 저문 빛 너머로 성호 그으면 아련 새의 별자리.

에우리디케의 눈동자에 비친 음악

인간의 언어에 비인간적으로 베이고 말 때 영혼을 음악에 싣는다

하프에서 피어난 장미는 숭고할 겨를이 없어 아름답다

미완성의 사랑을 위한 비가는 절벽의 순간마다 완성된다

하늘이 놓아버린 비명, 당신의 한계가 안으로 불어 닥쳐 고요해진 숨

악보들은 태어나지 않은 투명한 우주에서 보이지 않는 형상으로 음표의 초침을 세고 있다

뮌헨 시편

1

항공기에서 내려다보이는 운해에는 이별의 음표가 떨어지고 있었다 죽음의 문에 이르기까지 없으리라 믿었던 결별의 필연 앞에 나의 음영이 망각되기 위한 시간을 연인에게 선사해야만 했다 뮌헨 공항의 화원에 뿌리 베인 장미는 서울의 장미와 쌍생아의 목소리로 베토벤의 "Ich liebe dich"를 노래하여 백금의 눈물 담긴, 먼 미래로 다시 올 사랑의 예감 두 손으로 떠받친 연인 돌아보게 하였다

2

뮌헨의 도로 너머 암록의 숲은 노여운 신이 침묵하는 하늘을 이고 인간의 죄성을 빈 위胃에 쓰디쓴 액으로 녹여가는 수도승들을 품고 있었다 라이너 마리아 릴케는 어느 나무에 기대어 만년필로 존재의 근원으로 가는 빛의 문틈을 새겼을까 사랑을 위해 신학 대신 철학을 선택한 시인, 릴케에게 나는 고백했다 신 또한 구원할 수 없었던 비애悲哀의 연인을, 비애悲愛의 연인이 구원의 신이었음을. 뮌헨의 숲

에는 계명의 비碑를 뽑으려던 인신人神들이 스스로의 악을 용서치 못해 일광日光 없는 풍경은 가슴에 일렁이는 유령의 표정 되었다

3

앵무새의 날개를 위해 새장을 던져버린 젊은이를 뮌헨의 사람들은 천사라 부르고 있었다 천사는 성경의 페이지를 날개로 퍼덕이며 우리 곁에서 응시하는가 지옥에서 나의 손을 이끌던 연인은 태양의 흑점에 숨어 나의 등을 안을 때 추방당한 아담이 되었듯 천사는 날개 없는 우리를 위해 눈물의 자취를 지상의 지도로 삼을 뿐— 죄의 존재들은 제 심연의 헤어날 수 없는 깊이를 깨달을수록 천사의 음성을 흉내 내려한다 나의 눈은 국경 너머 다시 깨어날 수 없는 꿈 속의 연인을 내 은결로 끌어들이고 있었다

4

빗방울에 투영된 뮌헨의 모든 것이 회색빛으로 변한 순

간 나는 뮌헨을 사랑하기 시작했다 태어나 처음 보았던 지옥의 하늘처럼 나의 우울이 마블링 된 회색빛. 이 도시를 수호하는 천사들이 뱀 머리를 물리치고 마리아가 제 죽음 모르는 시청 앞 소녀를 가여이 내려다볼 때 층운의 그림자 가운데 빛나던 유리창 너머 천사 화집과 귀족부인 장신구. 나만의 수호천사이던 연인에게 아갈마àgalma가 되려는 몽상에 나는 길을 잃었다 반백의 신사가 동국東國에서 왔느냐 물어온 순간, 내가 동행한 연인은 지옥에서 천국으로 귀향하던 마음에 이미 존재하였다는 것을, 나는 다시 고백하기 위해 송수신이 끊일 듯 초조하게 공항 시간표를 바라보며 뮌헨의 비바람에 흔들리고 있었다

파이돈의 비가

자살하는 것은 옳지 않다고 하시면서 철학자는 죽어가는 사람의 뒤를 자진해서 따를 것이라니 그게 대체 무슨 뜻이지요?
— 플라톤의 『파이돈』에서.

스승이 죽어가던 순간을 그립니다

필로파포스Philopappos*의 액체성 어둠에 흐르던 영혼이 진리의 행성으로 기울면 죽음 너머 우주로 시간의 악보가 진행됩니다

소크라테스, 당신만의 고독의 시계가 낮과 밤이란 현상의 천체天體를 회전합니다 당신의 눈빛 안에 시초始初처럼 와 있던 미래, 삶도 죽음도 초탈한 자의 작시作詩를 석탁石桌에 내려놓고 당신은 농담합니다
애지자愛智者는 살아 있는 동안에도 레테에 잠겨 호흡해 왔다고

보았습니다 예인藝人이 되려 무지개 깃을 펴는 당신을,

상징어象徵語들의 결정結晶인 날개로 빛의 흘러내림을, 사
형집행일에 찬신가讚神歌를 짓는 시인을

 사형이 당신만의 것이 아님은 누구나 무시無時로 죽음의
선고를 받기 때문이라고 다만 몸으로부터 영혼이 빠져나오
는 제2의 산고産苦는 진리의 운지법이 인도합니다 고통을
명치로 모으며 스승이여 독배에 검은 피가 얼어가도 당신
은 의신醫神을 부르지 않습니다

 스승이여, 당신이 나의 노예 되던 고통을 보았습니다 나
는 고통의 음각으로만 시음詩吟을 써왔습니다 그런 나를 백
조의 고통이라 아름답게 이름한 당신 스승이여, 눈물 흘리
지 않으면 사념하지 않던 나의 존재는 이제 족쇄를 푼 백조
되어 당신이 달아준 날개로 당신을 배웅합니다 아름다움은
아름다움에만 관여하므로** 거기 백조의 아이스테시스는
진리라는 비어非語의 문장으로 빛이 나므로 당신이 먼저 애
지자의 이데아에 계실 것을 믿습니다 나의 노래가 무조의
비가인 것은 백조와 백조가 목을 감는 서원誓願 때문입니다

* 소크라테스의 감옥이 있던 언덕.
** 플라톤의 『파이돈』에서.

베토벤을 만나다

 부다페스트의 3월의 아침, 베토벤이 피아노 소나타 23번 작품번호 57「열정」(Appassionata)을 작곡했던 정원에서 나는 산책자 된다

 아름다운 제자에게 피아노의 영혼 가르치던 그의 소나타에서 소설가의 문장으로부터는 읽어낼 수 없던, 사랑의 심장소리를 듣는다 나는 열정의 선율을 거닐다, '연인 베토벤'을 만난다

 그는 규율의 계단에서 자신의 심장 속에 사는 여인을 발견하고 다뉴브 강 표면에 반사된 빛을 향해 문을 열었던 것이다

 나 또한 연인의 초상肖像을 떠올리며 약음弱音으로 멜로디 라인 반복한다 인간의 언어이지 못해 신의 언어가 된, 그 비애悲愛의 음악을

 가버린 애인의 존재가 달팽이관에서 잠을 깬다 피아노로 순수의 시대를 연주하던 나의 어깨에 손을 얹던 당신의

비재非在가 내 안에 얼었던 진주 떨리게 한다

   신의 형벌로 흰 건반에 미끄러지는 눈물, 절대악絶對樂만이 무언의 고백, 천상의 흰 악보로 비상케 한다

제4부
장미의 기도

천사의 잉태

1

차트에 약이 소멸한다

푸른 병病이 고여 배가 자라는 잉부
아기를 낳지 못하여 천사라 한다

관장灌腸으로 붐비는 타인을 내보낸다 안개의 수술실, 진공으로 미끄러지던 침대

천사가 세면대를 딛는다
상한 백합百合은 안길 수 없다는, 운명의 반복

모든 침대는 애기愛器를 투명으로 만든 의사, 젖가슴은 피스타치오 껍질처럼 흔적기관

하늘에 어린[幼] 추위가 떠돈다 처녀와 민달팽이가 겹이 되는 시간, 애인의 허벅지를 물고 죽은 공작새

2

        백합 흉장胸墻을 고름으로 지탱한다
                장례의 예행

여신상의 젖을 물다 흑요석 조각 입에 박힌 아버지
검은 단면에 비친다, 나, 침에 녹지 않을 결정結晶으로

어딘가 꽃술은, 나, 쓸려나가는 우주의 후문後門

파고가 낮은 배[腹]의 안, 일생, 애인은 닿지 않는다

3

        우울에는 시계의 저항이 없으니
          쌍꺼풀은 녹아 시詩가 되어라

백합병百合病의 천사에게 날아야 할 오랜 임무, 아니, 영

칼로리의 식사를

4

    입 없는 '진실의 돌'에 갇힐지라도
    백합의 알뿌리에 싹이 틀지니

친구, 천칭자리를 든 너의 손에 황금률의 리듬이 보여

친서親書의 이면

백합, 아흔아홉 비늘 흩어져
핏줄 없이 천사의 편족

승천昇天

자화상 위에 쓰러졌다 깨어난 아침 천사처럼 빛의 형상으로 존재할 뿐 붓을 들어 올릴 수 없다

자화상이 흘린 피로 나의 혈관은 투명하다

백지에 비존재자의 언어로 눈물은 빛의 장례 그린다

나의 승천, 자살 너머를 그리기로 한 눈동자는 바람에 날아가는 백지 잃어버린다

구원의 기도 들리지 않는 천상은 사자死者들의 합창으로 아름다울 뿐

고막을 지나는 바람에 나 반공半空에 부유하는 눈물로 잔존하나니

대성당

레퀴엠 울릴 듯 십자가 아래

대성당은 닫힌 우주

폭우는 세상에 암흑을 내리기 시작한다

기도 위해 밝힌 촛불

얼어붙은 영혼 녹여 신 앞의 눈물이라 한다

주여, 왜 저를 이 허무에 홀로 두시나이까

파이프 오르간의 울림이 인간의 흐느낌과 공명하는 순간

늙은 수녀는 무릎 꿇으라 눈짓한다

눈물에 돌던 빛마저 암흑에 잠기는, 이 고딕의 대성당

인간 된 비애의 심연

'빛의 나'가 '어둠의 나'에게

화장대 거울에 새벽이 차오른다
새벽은 신神이 빛의 물감과 어둠의 물감을 반반 섞어놓은 시간
반투명한 나의 피부에 '빛의 나'와 '어둠의 나'가 마주한다

아름다움이란 감추어졌던 세계에서 장미가 드러나는 순간
사랑이 아니어도 처녀는 장미 곁에 싱그럽다

'빛의 나'는 다가올 시간을, '어둠의 나'는 지나간 시간을 유리상자에 담아 가슴에 안고 있다
두 유리상자의 시간은 진주를 하나의 실에 꿰어 나의 목선에 매듭짓는다

'빛의 나'가 '어둠의 나'에게 속삭인다

신은 빛으로 어둠을 파괴하지 않았다
신은 어둠으로 빛을 파괴하지 않았다

새벽을 담은 진주에서 빛과 어둠이 돈다, 나의 눈물처럼

화보花譜 1
― 낙화落花

― 낙화, 눈물의 언어가 쏟, 내 존재의 시

나는 고백합니다, 나의 미소 아래 드리운 화영花影에 대하여. 나, 시를 씀은 조각도로 가슴에 십자화를 긋던 힘.

아름다운 사랑은 오로지 죽음으로 흘러가는 멜로디일 뿐

죽음 너머로 가는 낙화, 사라지며 존재하는 꽃

나는 고백합니다, 나의 손끝에 묻은 잔화殘花에 대하여. 당신은 팔라리스Phalaris의 놋쇠황소를 아시나요? 키르케고르가 보아버린, 시인의 비밀을.

비명悲命의 존재의 비명悲鳴이 나의 시라는 것, 흩날리는 은빛 화편花片들이 나의 시라는 것, 제 죽음을 바라보며 눈물 머금은 눈동자, 그 은빛 화편들이 나의 시라는 것

허공에서 태어났습니다. 바람에 흔들리지 않은 순간은

없었습니다. 모든 순간이 아름답게 떨어지기 위한 기다림이었을 뿐.

이 흔들림의 끝에서 나, 당신을 스칩니다.

당신의 영혼불멸의 등화燈花가 나의 눈물에 안화眼花로 비쳐 옴은 이 허공 흔들리기 때문입니다.

나의 시는 그 허공에서 존멸하는 낙화, 최화우催花雨마저 시렸습니다. 흰 꽃잎의 투명한 고통은 생명 속의 죽음. 피어나는 꽃잎은 이미 나 위한 관이었음을.

— **낙화, 눈물의 언어가 쓴, 내 존재의 시**

신神의 눈물

빛을 물린 밤, 침상에서 부르는 당신의 이름은 신神

당신의 시선이란 거울에 나의 시간 비춰봅니다

눈물이 귓바퀴에 고여, 침상은 수면水面

나, 라는 미지未知는 시맥翅脈을 날처럼 빛내기에

당신께 들리지 않는 통성痛聲으로 울던, 나의 아름다운 장밋빛 계절들

나의 눈시울에서 진주 흘러내려 당신의 발등 장식할 때
당신의 눈시울에서 성수聖水 흘러내려 나의 머리 안수按手 하였습니다

나의 울음이 당신 울림을 처음 보았습니다
나의 울음이 당신 울림을 처음 보았습니다

신의 눈물에서 나의 멎어가던 장미, 꽃망울 내미니

빛을 들이는 새벽, 침상에서 부르는 당신의 이름은 신

나의, 눈물의 신

천사에 대하여

   깨나지 못할 빛나는 어둠, 난, 존재함만으로 버거워 회생回生할 수 없다고, 영혼은 꿈조차 스미지 못해 존재를 잃고, 자해自害 전, 당신의 이름 부르려지만, 닿아선 안 될 대천사의 상像

   눈물의 강에 흘린 영影이 닮아 사랑인 우리의 이름은 천족天族

   둘을 하나로 묶은 목걸이 안에 유예해온 죽음 가까워, 당신의 가슴에 피어날, 유고遺稿의 장미

   인간의 세계가 끝나는 바다, 연분홍의 아침놀, 새의 세계로 떠났던 나는 전율의 음악이었다

   당신의 부름에 절필이 부활의 시를 쓴다

   나와 동형에 불과한 당신이지만 성서시대의 신인神人보다 가깝고

지상에서도 사랑의 진실에 닿으면 초월이라고
우리의 외존外存으로 새로운 성전聖殿을 만들리라고

당신 날개의 체온으로 학자의 난해한 문장을 이해한다
진실은 존재의 내부로부터 나온 모든 시간이라는 진실을

그러나 이 낙원의 한 조각은 나의 깨달음 전에도 해시계의 바늘처럼 당신을 향해 그림자 져 있었다

흰 장미의 발아發芽, 나는 다시 아름다운 시

만년설萬年雪 1
— 소멸에 대하여

나는 만년설, 설화雪花가 하늘로 오른다
푸른 어둠 속에서 슬픈 꿈 꾸듯 나의 소멸 바라본다
아스라이 높아가는 결정들이 별무리로 가 장례식에 모인 눈동자 된다

나를 빠져나가는 나들, 높아가는 것은 소멸 되는가 나는 빛을 반사해 내 피부의 깨어짐 버틴다

무엇이 나 소멸하는가
무엇이 나 소멸하는가

태양, 내 기억의 시원부터 존재했었다
태양, 그러나 언제부턴가 지지 않았다
태양, 무수히 복제된 태양들이 나의 영혼 태우고 있다

태양은 나의 소멸 아는가
나의 젖가슴 녹아 흘러내린다 꽃잎 하나 침몰한다

나는 투명이다

내 존재의 소멸 앞, 나는 시詩의 성전聖殿으로 돌아간다, 찬란히도 은빛 눈물의 결정, 시어로 내리던 그 기억으로

　나의 시는 은빛 낙화들의 영원, 새조차 밟을 수 없던 고지, 오로지 하늘만 떠받드는 회오리바람

　그러나 이제 나의 사랑하는 설원의 백지마저 소멸을 기다리는가

　나의 꽃은 얼어붙은 시간 속에 모두 잠 들었는가 깨어나라, 나의 애달픈 울림 듣지 못하는가 나는 이 설원의 백지에 더는 아무 문자 새길 수 없는가

　태양을 바라보는 눈동자, 나는 빛과 소멸 사이의 존재여야만 하는가

눈물, 시간을 멈추다

눈시울로부터 파도가 밀려온다
울음이 밀어온 것은 파도라는 이름의 시간이었다
눈 뜨면 속눈썹에 맺히는 눈물, 비로소 시간을 멈춘다

시계가 수평선으로 가라앉는다
태양의 눈금이 수장되면 기포만이 존재의 기억을 가질 것이다

물새 떼가 어족魚族처럼 내 안에 조류潮流를 그린다 이 내 해內海에는 나의 백금의 결정들이 녹지 않았다

나의 알들이여, 아름다운 나의 알들이여, 봄의 화원에서 피아노로 사랑의 시를 울려야 할 나의 알들이여

너에게는 미래가 있어야 하지만, 뭍에서 오는 미래는 너의 것이 아닌 미래, 그 미래는 나의 알을 깨뜨려 눈물이게 하리니

눈시울로부터 파도가 밀려온다

울음이 밀어온 것은 파도라는 이름의 시간이었다
눈 뜨면 속눈썹에 맺히는 눈물, 비로소 시간을 멈춘다

세계의 문이 닫히다

당신이 떠나고, 세계의 문이 닫힌다
세계의 문이 닫히고, 바다의 문이 열린다

자살은 산 자의 것, 나의 죽은 영혼은 비수匕首를 입시울에 물고 흔들리는 울음이니
비수를 막아주던 나의 첼라*, 당신이 없는 밤바다의 파도는 나의 그림자를 끌어들인다

바다의 문, 암흑은 나의 이름 부르던 당신의 음성을 앗아가고
나의 얼굴 가진 시인이 해면海面에 실서失書를 하면

나의 새 이름은 무無의 영원

나의 신은 당신에 패배했다
당신의 자취를 따라 피어난 백장미는 나의 목을 고요히 감아 온다

바다의 문 사이, 백장미가 가라앉은 선을 따라 빛이 심연

에 닿는다
 시계바늘이 심연에 묻혀 물거품만이 죽은 숨결의 여음餘音이다
 음악에 대한 기억이 빛간섭으로 남아 속삭인다
 나의 첼라, 당신의 언어와 나의 언어가 화음和音이 되던 순간

 다시 떠오를 수 없는, 형장刑場이라 하기엔 아름다운 이 어항魚缸
 파도에 휩쓸려 간 백장미가 석영의 부스러기에 스러져 눕는다
 시간의 신은 통점痛點이 쓰라려 울던 자들의 살을 발라 죽음을 순결이게 한다
 모래사장은 순결의 관棺들이 잠든 우주이니

 나는 당신이 한 순간 두 손에 담아 올린 바다에 살던 눈물의 생명체
 이 바다가 모두 당신이 베어버린 신의 눈물에서 태어난 생명체임을 알기에 당신은 태양을 올려보았다

태초의 시간과 종말의 시간에 따로 사는 쌍둥이처럼 우리의 운명인 별회別懷

  바다의 문이 열리고, 세계의 문이 닫힌다
  세계의 문이 닫히고, 당신이 떠난다

* 히브리어로 갈빗대.

화보花譜 2
― 폐허의 꽃

폐허에 핀 꽃은 유계의 빛

폐허의 역사는 폐허로부터 폐허까지

이 섬이 폐허인 것은 버려진 존재들이 흘러들었기 때문이다

신이 버리기 전에 신을 버린 존재들
신을 버린 후에 자신을 버린 존재들

폐허에 핀 꽃은 오로지 바람 때문이다

만년설萬年雪 2
— 불가역성에 대하여

만년
이 생이 한 번인 것은
견딜 수 없는 고통이 한 번이기 때문

만년
죽음이 한 번인 것은
견딜 수 있는 고통이 한 번이기 때문

첫 눈이 지상에 착지하던 고통은 다시 올 첫 눈이 그 위에 착지하던 고통으로만 잊을 수 있었다

나의 시작과 끝을 볼 수 있는 것은 하늘뿐

처녀자리가 제 자리로 돌아온다 해도 눈의 더께는 시간을 쌓아올리고 있다

별 무리의 그 어느 눈동자도 한순간 은빛으로 스치는 나를 다시 보지는 못하리

시작과 끝을 모르는 존재들이여, 누구에게나처럼 나에게도 레퀴엠을 들려주오

왜 고통은 삶을 한 번이게 하는가
왜 고통은 죽음을 한 번이게 하는가

천국의 계단

어둠의 시간이 바람의 세계를 연다

바람은 인간의 우화羽化를 예언한다

바람의 세계는 지상을 떠나 천상에 이르지 못한 자의 계단

바람은 바다의 별까지 순례해야만 한다

자폐自斃의 형刑으로 도시의 성채를 벗어날 수 없던 여인

바람이 여인의 날갯짓 어루만진다

장밋빛 피 부스러기, 아름다운 불행의 증표

눈물은 아무것도 할 수 없는 여인이 신을 마주하는 순간이다

천국으로 가는 계단은 제 무릎이니

시 한 편이 천국으로의 한 계단

　생의 마지막 날, 제 영혼의 조각彫刻, 지문 끝으로 읽어줄
그 보려는 순간

　빛의 시간이 바람의 세계를 닫는다

　바람은 천사의 눈물을 예언한다

오주리의 시세계

"장미 이데아"를 향하여

장경렬

(서울대학교 영문과 명예교수)

1. "눈을 뜬 채로"

시인 오주리의 첫 시집 『장미릉』의 어디를 펼치더라도 무엇보다 강하게 감지되는 것은 시인의 시선이다. 이로 인해, 명시적으로든 암시적으로든 그의 시 세계를 지배하는 것은 시인의 시선이라고 해도 지나친 말이 아닐 것이다. 어찌 보면, 시인은 온갖 감각을 시각화하고 있는 것처럼 보이기까지 한다. 이와 관련하여, 우리는 이번 시집의 표제 시에 해당하는 「장미릉薔薇陵」을 마감하는 다음 진술—모두 네 개의 시편詩片으로 이루어진 이 작품의 넷째 시편—을 주목하지 않을 수 없다.

자살을 넘어서는 것 존재하는 것은 존재하지 않는 것의 꿈
이다 나는 자살을 하지 않기 위해 지옥을 건단다 눈을 뜬 채

로 나의 의식이 살아 있는가 의식한다 마음의 평정을 지키려는 의지로 지옥을 견딘다 나의 의식이 살아 있음을 확인하기 위해 읽고 쓴다 글이 의식에 새겨지는 동안의 시간만큼 안도한다 시간과 의식은 멜로디의 형상으로 흐른다 그 멜로디의 아름다움은 태양 아래 무음無音의 지옥을 견디고 나면 밤의 음악으로, 쇼팽의 녹턴처럼 짧디짧게 명멸한다 어둠은 지극한 순수함이므로 빛의 멜로디가 유동한다 그 음악의 성좌에 이끌려 영혼은 꿈에 당도한다, 나의 릉으로. 그곳에서 나는 이 세상에 아직 존재하지 않았던 최초의 아름다움이 되려는 비약을 한다 나의 안의 신을 드러내는, 신에 다가가는, 신과 일치하려는 비약이다 그 비약이 이데아를 향하는 이데인idein 이다

—「장미릉薔薇陵」부분

"자살을 넘어서는 것"과 "존재하는 것"은 "존재하지 않는 것의 꿈"이라니? "자살을 넘어서는 것"과 "존재하는 것"은 곧 현실의 삶을 지시하는 것일 수 있다. 그렇다면, "존재하지 않는 것"은 현실의 삶을 뛰어넘어 피안의 세계에 이른 상황을 암시하는 것이리라. 피안의 세계에 이르러 현실을 바라보면, 현실은 시인의 말대로 "꿈"일 수도 있을 것이다. 한편, '꿈'이라고 할 때 우리가 떠올리는 것은 대체로 현실의 덧없음 또는 무상함이다. 하지만 시 속의 '내'가 보는 현실은 이러한 차원을 뛰어넘어 악몽과도 같은 것이다. 즉, '나'에게 현실이란 "자살을

하지 않기 위해" 견디는 "지옥"인 것이다. 요컨대, '나'의 눈에 비친 현실은 극도로 부정적인 것이다. 아니, 있는 그대로 받아들이기 어려운 것이다. 아무튼, 위의 인용을 우리가 주목하는 것은 현실에 대한 부정을 뛰어넘어 어떻게 하면 이 "지옥"을 견딜 것인가에 대한 '나'―즉, 시인―의 고민이 감지되기 때문이다. 다시 말해, 어떻게 하면 부정적인 현실의 삶 한가운데서도 여전히 "의식이 살아 있는가[를] 의식"할 것인가의 방법을 모색하는 시인의 의지가 일별되기 때문이다. 시인이 찾은 방법은 무엇일까. 그것은 바로 '글을 읽고 쓰는 일'이다.

시인이 글을 읽고 쓰는 이유에 대한 해명을 담고 있는 넷째 시편과 관련하여 우리가 무엇보다 문제 삼아야 할 것이 있다면, 이는 방법론일 것이다. 즉, '어떻게'가 문제된다. '어떻게'를 문제 삼고자 하는 경우, 우리가 주목해야 할 구절은 "눈을 뜬 채로"일 것이다. 즉, 시인에게 의식이 살아 있음을 의식하는 일을 가능케 하는 것은 '눈을 뜨고 있음'으로 정리할 수 있다. 따지고 보면, 맹인이 아니라면 글을 읽고 쓰는 일이란 눈을 뜨고 있기에 가능한 일일 것이다. 눈을 뜨고 있기에 글을 읽거나 쓸 수 있는 것이다. 눈을 뜨고 무언가를 보는 일이 중요한 이유는 이 때문이다. 이를 강조하기라도 하듯 시인은 "시간과 의식"이 "멜로디의 형상으로 흐른다"라고 말한다. 이와 관련하여 '형상'과 '흐른다'라는 말은 기본적으로 시각과 관계되는 것임에 유의하기 바란다. 말하자면, 멜로디를 이야기하고 있지만 시인에게 이는 결코 청각적인 것이 아니다. 뿐만 아니라, 시인은 "명멸한다"라는 언사를 통해 문제의 멜로디가 시각을 통해 확인되는 것임을 암시하기까지 한다. 이어지는 "어둠"이든 "빛의 멜로디"든 모두가 시각적인 것이 아닌가. 물론 "그 음악의 성좌에 이끌려 영혼은 꿈에 당도한다"고 했을 때 이 구절은 청각적 이미지가 지배하는 것으로 보일 수도 있다. 하지만 "성좌"는 시각적인 것이다. 뿐만 아니라, 시인이 "나의 안의 신을 드러내는, 신에 다가가는, 신과 일치하려는 비약"은 곧 "이데아를 향하는 이데인"임을 말할 때, 이 "이데인"이 뜻하는 바는 시각적인 것이다. 이와 관련하여, 이 진술의 핵심어인 "이데인"이라는 희랍어 단어는 '눈으로 보다'의 의미를 갖는다는 점에 유의하기 바란다.

'눈으로 보다'니? 무엇을 보는가. 아니, 무엇을 향해 눈길 또는 시선을 주는가. 삼라만상이 다 눈길 또는 시선의 대상일 수도 있겠지만, 시인 오주리에게 각별하게 의미를 갖는 눈길 또는 시선의 대상은 다음의 시적 진술이 암시하듯 무엇보다 장미가 아닐지? 아니, 장미로 표상되는 시적 또는 미적 또는 예술적 대상이 아닐지?

> 시선이 장미의 겹 하나로 들면 다음 겹. 시선은 다시 장미의 밖이다 외롬이 한 가시 더 자랄 때, 겹 사이, 산소酸素 흐른다 형상 없던 형용사가 핀다 장미는 시선이라는 은빛 그물의 안이다 시선이 씨방을 조인 끝, 장미열매가 부푼다
> ─「첫 눈 4 ─ 존재의 겹」부분

장미를 바라보는 시인의 시선은 정교하고 섬세하다. 장미는 일반적으로 겹꽃잎 구조로 꽃을 피우는데, 시인의 시선이 향하고 있는 것은 이 같은 겹꽃잎 구조의 장미꽃이다. 하지만 "시선은 다시 장미의 밖"이라니? 겹꽃잎 구조의 장미꽃의 꽃잎을 안에서 바깥쪽으로 한 겹 한 겹 응시하다 보면 시선은 마침내 "다시 장미의 밖"에 이르게 될 것이다. 위의 인용은 그런 절차를 거쳐 시인의 시선이 마침내 장미의 가시에 이르렀음을 암시한다. 그런데 그 가시에서 시인이 감지하는 것은 "외롬"이다. 장미의 가시는 장미를 향한 접근을 막는 그 무엇일 수 있거니와, "외롬"은 그런 맥락에서 이해될 수 있으리라. 아무튼, "산소 흐른다"는 구절은 장미가 숨을 쉬는 존재—즉, 살아 있는 존재—임을 암시하고 있거니와, 장미는 "외롬" 속에서 숨 쉬며 자신의 삶을 살아가는 존재인 것이다. 이어지는 "형상 없던 형용사가 핀다"라는 진술도 여타의 진술과 마찬가지로 수수께끼와 같지만, 적어도 가시적 형상으로 존재하지 않던 꽃의 의미가 "형용사"로 가시화됨을 암시하는 것이 시각적 인식을 가능케 하는 "핀다"라는 동사가 아닐까.

위의 시적 진술에서 특히 우리의 눈길을 끄는 것은 "장미는 시선이라는 은빛 그물의 안"으로, 시인은 시선조차 "은빛 그물"로 가시화하고 있는 것이다. "은빛 그물"로서의 시인의 시선이 '조여' 마침내 이르는 곳은 장미꽃의 "씨방"이다. 그 안에서 부푸는 "장미열매"는 단순히 식물학적 의미의 열매가 아니리라. 이는 곧 시인이 장미에게서 보고자 하는 '의미의 열매'이리라. 아니, 장미가 '상징으로서 지니는 온갖 함의含意'이리라.

2. "시선 너머"

앞서 우리가 암시한 바 있듯, 시인의 시선은 단순히 눈에 보이는 시각적인 것만을 향하고 있지 않다. 이미 "빛의 멜로디"라는 표현과 관련하여 주목한 바 있지만, 시인은 공공연하게 시각적인 것을 향할 때도 때로는 시각적인 것을 뛰어넘는 초超시각적인 것을 지향한다. 예컨대,「장미릉」의 둘째 시편의 시작 부분을 보라.

> 피아노 의자에 앉아 악보만 바라보았다 가슴이 건반에 닿도록, 숨도 쉬지 않는 듯 눈동자의 미동은 오너먼트에서 떨렸다 그것은 볼프강 아마데우스 모차르트의 악보였다 나의 손끝이 그의 악보에 흐르는 음의 고저와 속도를 따라갈 때 울려 퍼지는 음향이 천상天上에서 내려와 나의 안과 밖을 음의 환으로 둘렀다
> ―「장미릉薔薇陵」부분

시 속의 '나'는 "피아노 의자에 앉아" 시선을 "아마데우스 모차르트의 악보"에 모은다. 이윽고 "손끝"이 피아노 건반을 누름으로써 시각적인 것은 청각적인 것으로 바뀐다. 문제는 촉각을 동원하여 청각을 일깨움으로써 살아난 "음향"이 여전히 시각적인 것으로 시인에게 다가온다는 사실이다. 즉, "천상에

서 내려와 나의 안과 밖을 음의 환으로 둘렀다"라는 진술은 명백히 시각적인 것이 아닌가. 그것도 악보를 향해 던지는 시각과는 차원이 다른 시각을 통해 감지되는 시각적인 것이다. 혹시 이를 초월적 시각으로 명명할 수도 있지 않을까. 우리가 오주리의 시 세계를 논의하면서 '초시각적인 것을 향하는 시각'이라는 표현을 동원하고자 함은 이런 맥락에서다.

또 하나 예를 들자면, "첫 눈"이라는 제목 아래 묶이는 여섯 편의 작품에서 확인할 수 있듯, '하늘에서 내리는 눈[雪]'을 향할 경우에도 시인은 단순히 '보이는 것'만을 향해 눈길 또는 시선을 던지지 않는다. 즉, '보이는 것'을 보기 위해서뿐만 아니라 '보이지 않는 것'을 보기 위해 시선을 던지기도 한다. 심지어 '보이는 동시에 보이지 않는 것'을 향해 여일如—한 시선을 던지기도 한다. '보이는 동시에 보이지 않는 것'을 향해 시선을 던지다니? 어찌 보면, '보이는 동시에 보이지 않는 것'에 해당하는 사례가 장미일 것이다. 다시 말해, '보이는 동시에 보이지 않는 것'을 향한 시인의 시선 가운데 각별히 주목을 요하는 것이 보이지 않는 장미, 그러니까 관념 속에 존재하는 장미다. '관념 속의 장미'가 지시하는 바는 무엇인가. 다음 시를 주목하기 바란다.

> 잉여로서의 장미, 외부로서의 장미, 사물로서의 장미
> 그리고 장미로서의 여체
>
> 어둠 상자 — 흙 없이 장미들

시체로서의 장미, 부패로서의 장미, 영혼으로서의 장미
그리고 장미로서의 숨결
빛 상자 — 극광의 장미들

시선 너머
푸른 불 또는 천사 날개의 부활

하늘의 시곗바늘 아래 천사의 동공이 흔들린다, 푸른 영원 떨구며
—「첫 눈 3 — 존재의 빛」 전문

 무엇보다 문제 삼아야 할 것은 이 작품의 부제로, "존재의 빛"이 지시하는 바는 무엇일까. 지극히 상식적으로 말해 이는 태양일 수 있겠다. 하지만 "첫 눈"이 내릴 때나 내린 후의 상황에서라면 태양의 존재는 가시권 바깥에 있을 가능성이 높다. 그럼에도 눈이 내릴 때나 내린 후의 세상은 여전히 '빛'으로 환하다. 물론 가시권 바깥쪽의 태양 빛이 존재하기 때문이 겠지만, 직접적으로는 세상을 환하게 비춰 주는 눈[雪]이 있기 때문일 것이다. 심지어 세상이 짙은 어둠에 덮여 있는 밤에도 눈은 세상을 환하게 한다. 어찌 보면, 밤의 어둠을 더욱 짙게 하는 것이 눈이고 눈의 환함을 더욱 강렬하게 하는 것이 어둠인지도 모른다. 이처럼 어둠과 빛의 동시 존재를 가능케 하는 것이 다름 아닌 눈[雪]이다. 아무튼, 「첫 눈 3 — 존재의 빛」의 첫 두 연에서 시인은 "첫 눈"이 일깨운 빛의 공간과 어둠의 공

간을 각각 "어둠 상자"와 "빛 상자"로 제시한다.

어찌 보면, "어둠 상자"와 "빛 상자"는 각각 밤의 공간과 낮의 공간을 지시하는 언사일 수 있거니와, 그 공간 안을 향한 시인의 심안을 자극하는 '보이지 않는 장미'―즉, 온실에서 키운 장미가 아니라면, 눈이 덮인 자연의 세상 어디서도 찾아볼 수 없기에 심안으로만 볼 수 있는 장미―는 이미지의 측면에서 선명한 대조를 이룬다. 우선 밤의 공간 안에서 감지되는 '보이지 않는 장미'의 이미지는 "잉여로서의 장미, 외부로서의 장미, 사물로서의 장미/ 그리고 장미로서의 여체"다. 이에 덧붙여진 "흙 없이 장미들"이라는 구절은 꺾이고 절단되어 '사물화'된 장미를 암시하는 것일 수 있겠다. 한편, 낮의 공간 안에서 감지되는 '보이지 않는 장미'의 이미지는 "시체로서의 장미, 부패로서의 장미, 영혼으로서의 장미/ 그리고 장미로서의 숨결"이다. 시인은 여기에다 "극광의 장미들"이라는 구절을 덧붙이고 있는데, 이는 피었다가 져서 시체가 되고 마침내 부패하는 장미, 숨을 쉬다가 마침내 숨을 멈추고 흙으로 돌아가는 장미, 그야말로 장미다운, 환한 빛 속의 빛나는 장미들을 일깨우기 위한 것은 아닐까. 아무튼, 이 작품의 제1연과 제2연에서는 각각 '잉여'와 '시체'가, '외부'와 '부패'가, '사물'과 '영혼'이, 그리고 '여체'와 '숨결'이 짝을 이루는데, 시인의 사적私的인 연상 작용이 이끄는 이 같은 이미지의 병치 가운데 특히 우리의 눈길을 끄는 것은 "장미로서의 여체"와 "장미로서의 숨결"이다. 전자는 아마도 시인의 여성성이, 후자는 시인의 시적 생명성이 투사된 이미지이리라. 이를 종합하자면, 여성으로서의 시인이 시 세계에 거처하며 살아야 할 삶이, 또한 그런 삶을 통해 추구해야 할 바가 무엇인지를 암시하는 것으로 정리할 수도 있으리라. 사실 "장미로서의 숨결"은 곧이어 우리가 다룰 작품인 「장미릉」의 첫째 시편의 주요 시적 모티프가 되고 있기도 하다.

위에 인용한 「첫 눈 3」의 이어지는 시적 진술은 특히 우리의 주목을 끄는데, "시선 너머"는 현재 시인의 시선이 향하고 있는 곳 바깥쪽을 암시하기 때문이다. 어찌 보면, "어둠 상자"든 "빛 상자"든 이는 시인의 심안心眼이든 육안肉眼이든 시선이 닿는 곳이다. 즉, 현실의 공간이다. 바로 이 공간의 바깥쪽으로 심안이든 의식이든 이를 향할 때 시인이 감지하는 것은 "푸른 불 또는 천사 날개의 부활" 또는 "푸른 영혼"을 떨구는 "천사의 동공"이다. 지극히 사적인 이 같은 시적 이미지들이 일깨우는 것은 무엇일까. 이는 혹시 일반적으로 우리가 상정하는 인식 대상으로서의 구체적인 장미를 넘어서는 그 무엇, 그러니까 그런 장미가 우리를 이끌어 이르게 하는 영원한 본질로서의 장미―시인의 표현에 따르면, "장미 이데아"(「장미 이데아」)―가 아닐지? 현실적 존재 또는 실존으로 '있음'을 뛰어넘어 초월적 존재 또는 본질로서 장미의 '있음'에 다가가고자 하는 시인의 염원을 이 작품에서 감지할 수도 있으리라.

3. "장미릉"에서

따지고 보면, 세상의 꽃들 가운데 장미만큼 빈번하게 시적 탐구 대상이 된 꽃은 아마도 없으리라. 장미는 아름답지만 가시를 지닌 꽃이라는 지극히 상투적인 언명에서 시작하여 장미의 화려한 자태와 강렬한 색깔이 암시하는 바에 대한 온갖 상상의 논의에 이르기까지, 장미에 대한 시인들의 시적 형상화는 과거에서 현재까지 이루 헤아릴 수 없이 이어져 왔다. 앞서 우리가 추적한 시인의 시선에서 확인할 수 있듯, 새삼스러울 것이 하나도 없는 꽃인 장미에 대한 시적 형상화 작업을 시인 오주리는 새삼스럽게 다시 시작하고 있는 것이다! 이처럼 장미가 새삼스럽게 시인의 의식을 사로잡은 이유는 무엇일까. 모르긴 해도, 시인의 학문적 주제가 장미에 심취했던 시인인 김춘수와 릴케였기 때문일 수도 있으리라. 물론 장미에 심취해 있었기에 논문의 주제로 김춘수와 릴케를 택했는지도 모른다. 아니, 우연한 계기에 릴케의 장미나 김춘수의 장미와 접하고 학문적으로뿐만 아니라 시적으로도 장미의 이미지에 깊은 관심을 갖게 되었는지도 모른다.

동기가 어디에 있든, 우리가 주목하지 않을 수 없는 사실은 작품의 제목이자 시집의 제목이 "장미릉"이라는 점이다. "장미릉"이란 '장미의 무덤'이라는 뜻을 갖는다. 하지만 시인이 무덤 가운데서도 일반적인 무덤을 지시하는 '묘'가 아니라 왕이나 왕후의 무덤에 붙는 명칭인 '릉'을 동원한 이유는 무엇일까. 추측건대, 시인은 '릉'이 암시하는 권위와 위엄을 장미에게 부여하고자 했는지도 모른다. 하지만 여전히 묻지 않을 수 없거니와, '장미의 무덤'이라니? '릉'이 권위와 위엄을 암시한다고 해도, 이는 여전히 죽은 자가 머무는 공간이 아닌가. 장미가 죽어서 머무는 공간이라니, 이는 무엇을 말하기 위함인가. 이 물음에 대한 답을 찾고자 할 때 우리는 「장미룽」의 첫째 시편을 주목하지 않을 수 없다.

시는 룽이다

자신 안에 고귀한 존재存在, 신神을 간직한 자는 머리카락에 관冠을 흘린 채 영원한 잠 속에서 냉기로 숨을 쉰다
—「장미룽薔薇陵」부분

위의 인용에서 확인할 수 있듯, 시인은 단도직입적으로 "시는 룽"이라고 말한다. 이 말이 뜻하는 바에 대한 해석은 어떤 방향으로 이루어질 수 있을까. 우선 말 그대로 '시란 무덤, 그것도 권위와 위엄을 갖춘 장려한 무덤'이라는 해석이 가능하다. 하지만 시가 무덤이라니? 거듭 말하지만, 무덤은 죽은 자가 머무는 공간이다. 그렇다면, 시란 곧 죽은 자가 머무는 공간이라는 말 아닌가. 그건 그렇고, 시라는 무덤 또는 '룽'에 머무는 죽은 자는 누구인가. 이 시의 제목과 관련하여 이미 논의했듯, 이는 장미다. 장미가 죽어서 시 안에 머문다고 했을 때, 이때의 죽음이 뜻하는 바는 무엇인가. 이어지는 시인의 진술에서 우리는 그 답을 찾을 수 있거니와, 이때의 죽음은 우리가 일반적으로 상정하는 의미에서의 죽음이 아니다. "영원한 잠 속에서 냉기로 숨을 쉰다"는 말이 암시하듯, 이는 물리적인 의미의 죽음을 뛰어넘어 여전히 살아 숨 쉬는 그 무엇이

다. 여기서 우리는 형이하학적 의미의 장미와 형이상학적 의미의 장미를 나눠 생각할 수도 있거니와, 실체로서의 장미를 뛰어넘어 관념으로서의 장미가 여전히 살아 숨 쉬는 공간이 곧 시라는 해석을 이끌 수도 있으리라. 요컨대, 여기서 우리는 죽어 무화無化하는 장미를 뛰어넘어 영원한 실체로서 존재하는 관념으로서의 장미를 상정할 수 있다.

도대체 시라는 '릉' 안에 '영원한 실체로서 존재하는 관념으로서의 장미'란 무엇을 말하는 것일까. 이 물음에 대한 답을 암시하듯, 시인은 「장미릉」의 둘째 시편에서 다음과 같이 말한다.

> 모차르트의 오너먼트는 나의 목소리로 노래할 수 없는 영역 너머에 아름다운 음이 존재할 수 있다는 것을 가리키는 기호였다 고대문명의 문자처럼 아직 해독할 수 없는 진리의 비밀을 품은 것처럼 천상적인 존재성을 띠고 있었다
>
> 그 기호가 나의 시로 와 수사학으로 초재超在한다 '초재의 수사학'이라는 악보에 엮인 시어들이 지면 너머 내면의 시공에 선율을 그릴 때 시는 존재의 진리를 펼친다
> ―「장미릉薔薇陵」 부분

요컨대, "나의 목소리로 노래할 수 없는 영역 너머에 아름다운 음이 존재할 수 있다는 것을 가리키는 기호"에 해당하는 "모차르트의 오너먼트"와도 같은 것, 또는 "고대문명의 문자

처럼 아직 해독할 수 없는 진리의 비밀을 품은 것처럼 천상적인 존재성을 띠고 있"는 그 무엇이 곧 '영원한 실체로서 존재하는 관념 또는 본질로서의 장미'가 아닐지? 그리고 물리적인 실체로서의 장미의 차원을 초월하여 관념으로서의 장미가 머무는 장소가 시인의 입장에서 보면 시가 아닐지? 아마도 "그 기호가 나의 시로 와 수사학으로 초재超在한다"는 시인의 진술은 이 같은 맥락에서 이해할 수 있을 것이다. 즉, 물리적인 것—위의 인용에 기대자면, "지면"—을 초월하여 영원히 숨 쉬는 관념적인 것—다시 위의 인용에 기대자면, "시어들"이 "내면의 시공"에 그리는 "선율"—을 일깨우기 위해 시인은 "초재"라는 용어를 동원하고 있는 것이리라.

한편, 「장미릉」의 첫째 시편에서 시인은 영원히 숨 쉬는 관념으로서의 장미를 묘사할 때 '의인화擬人化'에 기대고 있거니와, 이로 인해 "자신 안에 고귀한 존재, 신을 간직한 자"는 장미의 이미지뿐만 아니라 시인의 이미지까지 일깨우기도 한다. 따지고 보면, "자신 안에 고귀한 존재, 신을 간직한 자"는 관념으로서의 장미일 뿐만 아니라 시인을 지칭하는 것일 수도 있다. 이렇게 보는 경우, 시인이 자신 안에 간직하고 있는 "고귀한 존재, 신"이 곧 관념으로서의 장미일 수 있다. 즉, 시라는 '릉'에 거주하면서 "머리카락에 관冠을 흘린 채 영원한 잠 속에서 냉기로 숨을 [쉬는]" 자는 장미에 앞서 시인 자신을 지시하는 것일 수도 있다. 아울러, 앞서 검토한 「첫 눈 3」의 "장미로서의 여체"가 암시하듯, 장미는 시인이 응시하고 관조하는 대상으로서의 장미일 수도 있지만 시인 자신을 객체화한 이미지일 수도 있다.

만일 시라는 '릉'에 거주하면서 "머리카락에 관을 흘린 채 영원한 잠 속에서 냉기로 숨을 [쉬는]" 자가 시인이라면, 그가 시라는 '릉' 안에서 하는 일은 무엇일까. 이 물음에 대한 답은 위의 인용에 이미 내재되어 있는 것은 아닐까. 즉, 자신 안에 간직한 "고귀한 존재, 신"을 기리고 노래하는 것이 곧 시인의 일이 아닐지? 어찌 보면, "영원한 잠 속에서 냉기로 숨을 [쉬는]" 것 자체가 "고귀한 존재, 신"을 기리고 노래함을 말하는 것일 수도 있으리라. 아무튼, 시인이 시라는 무덤에 거주하면서 "고귀한 존재, 신"을 기리고 노래하는 정경을 일깨우기도 하는 「장미릉」의 첫째 시편은 우리를 에밀리 디킨슨Emily Dickinson의 시로 이끌기도 한다. 시인의 의식 저편의 세계를 누구보다도 깊이 꿰뚫어보았던 디킨슨은 다음과 같은 시를 남긴 적이 있다.

나는 미美를 위해 죽음을 마다하지 않았지./ 하지만 내가 무덤 안에 자리를 잡는 순간,/ 진眞을 위해 죽은 이가 무덤에 안치되었지,/ 내가 누워 있는 곳 바로 옆방에.// 그가 부드럽게 물었지. "무엇 때문에 죽음에?"/ 내가 대답했지. "미를 위하여"/ "난 진을 위해서였어. 미와 진은 하나이니,/ 우리는 형제이네." 그가 말했지.// 그리하여 우리는 혈연으로 한밤에 만났지./ 우리는 벽을 사이에 두고 이야기를 나눴지,/ 이끼가 자라 우리의 입술을 덮을 때까지,/ 그리고 마침내 우리의 이름까지 덮을 때까지.

― 에밀리 디킨슨, 「미를 위하여 난 죽었지」 전문

디킨슨의 시에 기대어 말하자면, 시인이 시라는 무덤에 거주하면서 "영원한 잠 속에서 냉기로 숨을 [쉼]"은 곧 시인의 의식 안에서 끊임없는 내면의 대화를 이어감을 뜻할 수도 있으리라. 그것은 혹시 시인 자신과 자신 안의 "고귀한 존재, 신"과의 대화가 아닐지? 『장미룽』을 전체적으로 검토해 보면, 시인이 장미의 미 또는 아름다움에 끊임없이 주목하면서 이와 동시에 "고대 문명의 문자처럼 아직 해독할 수 없는 진리" 또는 시가 펼치는 "존재의 진리" 또는 "존재의 진리를 미美로까지 승화하는 표현존재(表現存在, Ausdrucksein)"(「장미룽」의 셋째 시편) 또는 "작디작은 존재의 진리"(「첫 눈 6」)에 대한 탐구를 이어가고 있음을 일별할 수 있거니와, 시인의 내면에서 이루어지는 대화도 미와 진의 대화가 아닐지? 마치 디킨슨이 시에 등장하는 무덤 안의 '나'와 '그'—즉, 미를 위해 목숨을 건 '나'와 진을 위해 목숨을 건 '그'—가 "입술"과 "이름"이 마침내 "이끼"에 덮일 때까지 이야기를 나누듯. 문제는 디킨슨이 미와 진은 '하나'임을 말하고 있다는 점이다. 추정컨대, 오주리에게도 미와 진은 '하나'가 아닐까. 아무튼, 디킨슨이 위에 인용한 시에서 일깨우는 것은 영국의 시인 존 키츠John Keats의 "미는 곧 진이요, 진은 곧 미"(Beauty is Truth, Truth Beauty—「희랍의 도자기에 부치는 노래」)라는 저 유명한 구절임에 유의해야 할 것이다. 모르긴 해도, 시인이 내면에 간직하고 있는 "고귀한 존재, 신"도 미이자 진이고, 진이자 미가 아닐까. 아니, 둘은 시인의 내면에 존재하는 '둘'이자 '하나'가 아닐까.

논의를 확장하자면, 오주리에게 관념으로서의 장미는 곧 미이자 진이고 진이자 미일 수 있다. '둘'이자 '하나'인 이 미와 진이 시인의 내면에서 영원한 대화를 나누는 정경을 시인은 숨을 쉬고 있는 것으로 표현한 것이 아닐지? 아니, '하나'이자 '둘'인 미와 진이 시인의 내면에 자리하고 대화를 이어가기에 시인은 "영원한 잠 속에서 냉기로 숨을 [쉴]" 수 있는 것이 아닐지?

4. "장미 이데아"를 찾아서

아무튼, '관념으로서의 장미'라니? 이는 여전히 추상적이고 막연한 개념이 아닌가. 다행히도, 시인은 이상과 같은 장미에 대한 우리의 논의에 참고할 수 있는 텍스트를 제시하고 있기도 한데, 그것은 바로 시인의 박사학위논문(서울대학교 대학원, 2015년 2월)이다. 이 논문에서 시인은 릴케와 김춘수에게 장미가 어떤 의미를 갖는 것이었나에 대해 다음과 같이 논한 바 있다.

> 릴케의 시 안에서 모순이 성립되는 것은 장미가 존재의 상징으로서 무수한 타자들의 시선에 노출되어 있으면서도 정작 그 자신은 그 어느 타자에게도 전유되지 않는 비존재가 되기 위해 죽음을 바라고 있기 때문이다. 존재인 동시에 자신 안에 소멸과 무화에 대한 충동을 지니고 있는 상태이기 때문에 릴케의 장미는 모순의 장미이다. 그런데 그것은 시인의 일반적인 운명이기도 하다. 키에르케고르는 시인에 대하여 비명을 지르며 죽어가는데 대중들은 그 비명을 음악으로 감상하는

운명을 가진 존재로 보았다. 그것은 릴케에게도 김춘수에게도 해당될 것이다. 김춘수가 "장미는 시들지 않는다"고 하는 것은 장미의 이데아적 영원성을 의미하는 것이다. 장미는 묵시적默示的인 꽃이다. 즉, 천국의 꽃이다. 김춘수의 장미는 천국의 꽃이 된 것이다. 그런데 릴케와 달라지는 부분은 릴케의 경우 장미는 죽음을 자청하는 뉘앙스를 띠지만, 김춘수의 경우는 죽음을 거부하려는 듯한 뉘앙스를 띤다는 것이다.
― 오주리, 『김춘수 '형이상시形而上詩'의 '존재와 진리' 연구』, 서울대 박사논문, 2015, 108-09쪽.

널리 알려져 있듯, 릴케와 김춘수의 시심詩心을 사로잡았던 꽃 가운데 꽃이 다름 아닌 장미였다. 이때의 장미는 무엇보다 눈길을 주어 시각적으로 확인할 수 있는 장미, 사람들의 시선을 끄는 장미, 그러니까 현실적으로 현존하는 꽃으로서의 장미다. 하지만 그들이 장미에 매혹되었던 것은 단순히 현존하는 꽃으로서의 장미의 아름다움 때문만이 아니었다. 말하자면, 죽음을 자청하든 거부하든 피었다가 시드는 현존의 장미에만 그들이 매혹되었던 것은 아니다. 어찌 보면, 현존하는 현실의 장미가 꽃으로 피어 있는 것을 보고 시인이 이에 매혹되어 있는 바로 그 순간을 후설의 표현에 기대자면 브라케팅bracketing함으로써 시인의 마음에 형성된 그 무엇, 바로 그것이 릴케나 김춘수를 매혹했던 장미―시인의 논문에 등장하는 표현에 기대자면, "이데아적 영원성"을 지닌 "장미"―일 것이다.
릴케든 김춘수든 또는 오주리든, 시인에게 "장미의 이데아적 영원성"이 뜻하는 바는 무엇일까. 무엇이 "이데아적 영원성"을 지닌 장미일까. 그 말이 지시하는 바는 과연 무엇일까. 추측건대, 릴케와 김춘수에게 그러했듯, 오주리에게 이는 다만 '장미'라는 기호로 존재할 뿐 그 어떤 언어화나 해명도 불가한 그 무엇—즉, 볼 수도 없고 다가갈 수도 없고 인지할 수도 없지만, 그럼에도 여전히 마음과 의식에서 지울 수도 없고 포기할 수도 없는 그 무엇—이 아닐지? 그것이 이른바 '관념으로서의 장미'가 아닐지? 다시 묻건대, '관념으로서의 장미'라니? 시공을 초월하여 영원히 변치 않는 불멸의 존재라는 점에서 이는 '관념으로서의 장미'일 수 있다. 그것은 장미라는 기호가 단순히 기의(signified)에 대응되는 기표(signifier)로 존재하는 차원을 뛰어넘어 이른바 초재超在하는 그 무엇일 수 있다. 다시 말해, 초월적 기표(transcendental signifier)일 수 있다. 초월적 기표라는 점에서 볼 때, 이때의 장미는 신神이자 진리와 다름없는 그 무엇일 수 있다. 다시 말해, 인간의 언어와 의식으로는 도저히 다가갈 수도 없을 뿐만 아니라 실제로 존재하는지조차 확인할 길도 없는 그 무엇일 수 있다. 그럼에도 여전히 이에 다가가 이르고자 하는 인간의 염원은 예나 지금이나 한결같은 것이 아닐지? 릴케나 김춘수에게 그러했듯, 오주리에게도 장미는 이 같은 초월적 기표에 대한 염원이 담긴 것이 아닐지?

물론, 릴케와 김춘수에게 그러했듯, 오주리에게 초월적 기표로서의 장미는 직관적인 것인 동시에 시인의 표현대로 '묵시적인 것'이다. 말하자면, 그것은 명시적인 언어화가 불가능한 그 무엇이다. 기껏해야 비유와 같은 수사적 장치를 통해서 언뜻 모습을 드러낼 수밖에 없는 그 무엇이다. 어찌 보면,『장미룽』이 담고 있는 시인의 시적 기도企圖는 이처럼 명시적인 언어화가 불가능한 것을 비유적으로 드러내고자 하는 시도로 요약될 수 있을 것이다. 정녕코 그 어떤 시인도 자신이 추구하는 "장미의 이데아적 영원성"을 쉽게 언어화할 수도 없지만, 누구도 이에 쉽게 다가갈 수 없다. 시인이나 우리나 모두 장미 향기에 취하지만 장미의 주변을 겉돌 뿐인 벌과 나비처럼.

아마도 "장미의 이데아적 영원성"을 향한 시인의 염원 및 이에 대한 시적 형상화가 특히 생생하게 감지되는 작품이 있다면, 이는 바로「장미 이데아」일 것이다. 모두 일곱 개의 시편으로 이루어진 이 작품의 넷째 시편에서 시인은 다음과 같이 말한다.

> 지상에서 창백하고 투명한 숨으로 사그러가던 장미는 죽어서 장미 이데아가 된다 신열身熱의 거짓을 털고 장미꽃의 외곽선이 층층이 내려앉는다 빛나는 몇 개의 점 사라져 장미가 보이지 않을 때 장미는 어둠으로 운구된 것이다
>
> 사랑시詩의 카이로스로, 죽음 너머 이데아로, 가장 어두운 극에서 가장 빛나는 극으로
>
> —「장미 이데아」부분

무엇보다 "지상에서 창백하고 투명한 숨으로 사그러가던

장미는 죽어서 장미 이데아가 된다"니? 이는 바로 우리가 「장미릉」과 관련하여 논의한 바 있는 '물리적인 실체로서의 장미'와 '장미의 죽음' 및 '장미의 죽음'과 '관념으로서의 장미'의 상관관계를 시인의 언어로 정리한 진술이 아니겠는가. 다만 '관념으로서의 장미'가 "장미 이데아"로 바뀌었을 뿐. 즉, 시인은 관념으로서의 장미를 "장미 이데아"로 칭한다. 시인은 바로 이 "장미 이데아"를 "죽음 너머 이데아"로 표현하기도 한다. 어찌 보면, "장미꽃의 외곽선이 층층이 내려앉"고 "빛나는 몇 개의 점 사라져" 마침내 "보이지 않을 때," "어둠으로 운구"되는 장미는 시인이 자신의 논문에서 말한 바 있는 "그 어느 타자에게도 전유되지 않는 비존재가 되기 위해" "소멸과 무화의 충동"을 내재한 장미의 변모에 대한 나름의 시적 이해에 해당하는 것일 수 있으리라. "장미 이데아"에 대한 시인의 깊은 사유와 진지한 탐구는 「장미 이데아」 어디서나 확인되지만, 특히 이 작품을 끝맺는 다음 구절이 우리의 눈길을 끈다.

　한 송이 장미 안에 그 모든 명멸의 순간들, 진실로의 언어들, 태어날 때 신이 준 나의 이름으로, 그 투명 가운데 빛나는 나의 얼굴로

　한 송이 장미 안의 진실의 이름으로
　장미 이데아는 사랑의 형상이다 빛이다
　　　　　　　　　　　　　　　―「장미 이데아」 부분

위의 인용에서는 "한 송이 장미"라는 구체적인 실체로서의 장미와 "장미 이데아"라는 관념으로서의 장미—또는 "진리의 이름"으로 자신을 드러내는 장미—가 시적 사유思惟의 양 극점極點을 형성하고 있다. 그리고 이 양 극점 사이에는 "그 모든 명멸의 순간들"과 "진실로의 언어들"과 "태어날 때 신이 준 나의 이름"과 "그 투명 가운데 빛나는 나의 얼굴"이 존재한다. 아니, 이 모든 것이 하나로 연결되어 양 극점 사이를 잇는다. 그리고 양 극점과 그 모든 것을 하나로 잇는 궁극의 요인은 바로 "사랑의 형상"이자 "빛"인 "장미 이데아" 그 자체이다. 그런 의미에서 볼 때, "한 송이 장미"가 질료인(質料因, material cause)이라면, "장미 이데아"는 시인의 사유와 창작 활동을 촉발하는 동인(動因, efficient cause)인 동시에 그 모든 활동을 통해 도달하고자 하는 목적인(目的因, final cause)일 수 있겠다.

5. "다시 나 자신의 존재로 돌아와"

앞서 우리는 장미가 시인이 응시하고 관조하는 실체로서의 장미일 수도 있지만 이는 또한 시인 자신에 대한 객체화된 이미지일 수도 있음을 주목한 바 있다. 만일 그러하다면, "장미 이데아"에 대한 시인의 시적 탐구의 시선은 단순히 실체로서의 장미라는 질료인만을 향한 것일 수 없다. 시인의 시선은 또한 자아를 향한 것일 수도 있거니와, 이런 정황을 엿보게 하는 것이 "다시 나 자신의 존재로 돌아[온]" '나'에 대한 다음과 같은 시적 진술일 것이다.

> 다시 나 자신의 존재로 돌아와서 거울 속에 여자의 형상인 나를 발견한다 나는 '하나'이지만, 불완전한 완전, 완전한 불완전으로서의 '하나'인 것을 본다 거울 속 나의 음영을 짚어 숨을 불어보는 것은, 거기가 나의 빈 곳임을 차디차게 응시하기 때문이다 미래의 당신으로부터의 온기가 부재한다 거울에 얼음이 테두리 친다 빛의 부스러기가 떨어진다 나의 현재라는 시공에서 기댈 당신의 어깨가 먼 시간의 그늘로 유예된다 그러나 변함없이 '당신과 나'라는 '우리'를 믿는다 사랑의 공동체로서만 나는 고유해진다는 것을 믿는다
> ─「장미룽」 부분

시인이 "거울 속에 여자의 형상인 나"에 대한 자각의 순간을 말하면서 '발견하다'라는 표현을 동원한 이유는 무엇일까. 어찌 보면, 이는 '나'에 대한 단순한 감각적 지각의 차원을 넘어서서 '의식적인 응시'가 시작되었음을 암시하는 표현일 수 있다. 응시에 따른 '발견'과 함께, '나'는 자신이 "'하나'이지만, 불완전한 완전, 완전한 불완전으로서의 '하나'인 것을 본다." 이때의 "불완전한 완전" 또는 "완전한 불완전"에 대한 자각 및 이어지는 "나의 빈 곳"에 대한 자각은 '내'가 존재론적으로든 인식론적으로든 무언가를 결여하고 있음을 암시한다. 그것이 무엇일까. 위의 시적 진술에 따르면, 그것은 "미래의 당신으로부터의 온

기"다. 바로 이 "미래의 당신으로부터의 온기"가 부재하기 때문에, "거울에 얼음이 테두리 [치고 빛의 부스러기가 떨어진다." 그렇다면, 이때의 '당신'은 누구인가. 그것은 혹시 시인 자신이 추구하는 무언가 궁극적인 의미―말하자면, "장미 이데아"―가 아닐까. 시인이 말한 바 있듯, "사랑의 형상"과 "빛"이 "장미 이데아"라면, "얼음이 테두리 [치고] 빛의 부스러기가 떨어"지는 "현재라는 시공"에서 어찌 그것의 성취가 가능하겠는가. 하지만 이렇게 정리하는 경우 여기에는 일종의 모순이 선재先在한다. "장미 이데아"는 선험적 직관 또는 예기(豫期, prolepsis)의 대상이자 궁극의 인식 대상이지, 이에 이르는 과정에 함께하는 것이 아니기 때문이다. 물론 "먼 시간의 그늘로 유예"된 "당신의 어깨" 및 "'당신과 나'라는 우리"나 "사랑의 공동체"가 궁극의 경지를 암시한다는 면에서 볼 때도 여전히 '당신'은 "장미 이데아"로 볼 수도 있다. 하지만 만일 이에 이르는 과정을 문제 삼는 경우에는 여전히 '당신'을 "장미 이데아"로 보기 어렵다.

따라서 '당신'에 대한 새로운 접근이 필요한데, 이와 관련하여 논자의 질문에 대해 시인은 이때의 '당신'이 정신적인 스승들을 포괄적으로 지칭하기 위한 표현임을 밝힌 적이 있다. 이에 기대어 말하자면, '당신'은 "장미 이데아"를 향한 시인의 여정에 시인과 함께하거나 시인을 인도하는 시인과 철학자를 지시하는 것일 수 있으리라. 실제로 이번 시집 『장미룽』에는 수많은 철학자와 시인의 이름이나 그들의 텍스트가 언급되고 있거니와, 그런 관점에서 보면 『장미룽』이라는 시집 자체는 "장미 이데아"를 향해 다가가는 시인의 여정―그것도 시작의 시점에서 보면 '미래'의 여정—에 함께하게 될 시인이나 철학자와 만나고 사유하는 여정의 기록으로 이해될 수도 있으리라. 아무튼, 여기서 우리가 주목해야 할 것은 시인이 자신의 혼자 힘만으로는 탐구 대상에 이를 수 없음을 감지하고 있다는 점이다.

하지만 시인이 "현재라는 시공에서 기댈 당신의 어깨가 먼 시간의 그늘로 유예된다"고 했을 때 우리는 이 말을 어떻게 받아들여야 할까. 이는 시인이 아직 '당신'과 만나지 못했음을 암시하고 있는 것 아닐까. 게다가 "먼 시간의 그늘로 유예"되어 있지만 "기댈 당신의 어깨"가 허락될 때란, 또한 "미래의 당신"과 "사랑의 공동체"를 이룰 수 있을 때란, 또한 '내'가 '완전한 완전'으로서의 '내'가 되는 동시에 "고유해"질 때란, 궁극의 의미 또는 초월적 기표에 도달했을 때의 경지를 암시하는 것 아닐까. 이로 인해 우리는 '당신'을 "장미 이데아"로 볼 수 있다는 입장으로 되돌아가지 않을 수 없다. 요컨대, '당신'은 시인이 말하는 이른바 '정신적인 스승들'을 지시하는 기호만으로 읽히지 않는다. 모순이 선재함에도 여전히 '당신'을 "장미 이데아"와 같은 궁극의 초월적 기표를 지시하는 기호로 보지 않을 수 없는 것이다. 우리가 「아갈마」라는 시에 주목하고자 하는 이유는 여기에 있다. 시인은 이 시를 다음과 같은 진술로 시작한다.

지옥의 돌로부터 나를 태어나게 한 피그말리온이여

질량 없는 황금빛 문자로 이루어진 조각상에 숨결의 세례 나데가 감돌기 시작한 것을

나를 향한 당신의 물음들은 나의 살갗에서 사어死語의 비늘들을 날아가게 하였습니다

대화로 우리의 존재의 근원이 드러나고

우주의 빛 아래 눈부신, 영혼의 전신이 드러난 순간

당신은 내가 눈물조차 백금인 아갈마이길 바랐습니다
　　　　　　　　　　　　　　—「아갈마」 부분

　시인이 주석을 통해 밝히고 있듯, 아갈마는 희랍어로 '조각상'을 말한다. 하지만 여기에는 부연 설명이 필요한데, 라캉이 주목한 바와 같이, 플라톤의 『향연』에 따르면, 소크라테스의 제자 가운데 하나인 알키비아데스가 어느 주연酒宴의 자리에서 소크라테스를 희랍 신화에 등장하는 추한 외모의 반인반수半人半獸인 실레노스에 비유한다. 이어서 그는 실레노스의 모습을 본떠서 장인들이 만드는 상자에 대해 언급한다. 그와 같은 상자 안에는 아갈마로 불리는 작은 신상神像이 담겨 있게 마련인데, 이는 추한 외모에도 불구하고 엄청난 지혜를 내면에 지닌 존재로 알려져 있는 실레노스의 이미지에 상응하는 것이다. 알키비아데스에 따르면, 소크라테스는 추한 외모에도 불구하고 실레노스를 본떠서 만든 상자와 같이 자기 안에 더할 수 없이

고귀하고 소중한 것―즉, 아갈마에 상응하는 것―을 지닌 존재라는 것이다. 시인의 주석에 기대어 말하자면, 알키비아데스가 본 소크라테스는 "장식, 보물, 신상神像, 나아가 그러한 가치"를 함축하는 아갈마를 내장한 존재다. 소크라테스를 향한 알키비아데스의 욕망은 여기서 촉발된 것이다. 이에 대해 소크라테스는 자기 안에는 그런 것이 존재하지 않음을, 따라서 알키비아데스의 욕망은 미혹迷惑에 따른 것임을 설파한다. 라캉이 주목한 것은 알키비아데스와 소크라테스의 이 같은 관계에서 사랑의 동인動因이 되는 것―즉, 아갈마―의 역할이다.

위에 인용한 시 구절에는 신화적 모티프도 등장하는데, 이는 바로 자신이 만든 조각상을 사랑하게 된 피그말리온의 이야기다. 피그말리온의 사랑과 정성에 감동하여 아프로디테 여신은 조각상을 아름다운 여인으로 다시 탄생케 한다. 바로 이 신화적인 이야기가 「아갈마」의 시작 부분의 배경을 이루는데, "지옥의 돌로부터 나를 태어나게 한 피그말리온"은 과연 누구일까. 여기서 우리는 시인이 말한 바 있는 이른바 '정신적인 스승들'을 다시 떠올릴 수도 있다. "나를 향한 당신의 물음들"이 "나의 살갗에서 사어死語의 비늘들을 날아가게 하였[다]"고 했을 때, 이는 실질적인 의미에서든 비유적인 의미에서든 시인의 탄생과 성장을 가능케 한 '당신'의 존재를 암시하는 것일 수 있기 때문이다. 문제는 피그말리온의 조각상이 이상적이고 절대적인 미의 현현顯現이라는 점에서 여전히 그 자체가 우리가 논의한 바 있는 "장미 이데아"에 해당하는 것일 수 있다는 데 있다. 여기서 '나'와 '장미' 사이의 경계가 모호해질 뿐만 아니라 '당신'과 '나' 사이의 관계도 모호해진다.

아무튼, 위의 인용은 '나'와 '당신'의 관계를 또 다른 관점에서 이해하도록 우리를 이끄는데, "대화로 우리의 존재의 근원이 드러나고/ 우주의 빛 아래 눈부신, 영혼의 전신이 드러난 순간"에 "내가 눈물조차 백금인 아갈마이길 바"라던 '당신'은 누구일까. 그리고 그러한 '당신'과 아갈마—엄밀하게 말하자면, 아갈마를 내부에 간직한 자—에 비유되고 있는 '나'의 관계는 어떤 것일까. 만일 앞서 언급한 알키비아데스와 소크라테스의 일화에 기대어 이해할 것이 허락된다면, 이때의 '나'는 '당신'이 욕망하는 대상인 소크라테스와 같은 존재다. 비록 겉으로는 보잘것없지만 "눈물조차 백금인 아갈마"를 내부에 지닌 것으로 잘못 믿어지는 존재다. 바로 이런 관점에서 보면, '당신'은 곧 욕망에 미혹된 알키비아데스와 같은 존재다. 이 같은 관계 규명과 관련하여 라캉의 논의를 주목하지 않을 수 없는데, 알키비아데스의 욕망은 소크라테스의 욕망에 의해 촉발된 것으로, 이에 따라 '욕망하는 자'와 '욕망의 대상'이 뒤바뀌어 새롭게 정립된 것이 소크라테스와 알키비아데스의 관계다. 즉, 양자의 관계는 이처럼 유동적인 것일 수 있다. 어쩌면, 「아갈마」에서 시인은 바로 이 점—즉, '나'는 '당신'을 '욕망하는 자'였지만 어느 순간에 '내'가 '욕망하는 자'에서 '욕망의 대상'으로 바뀌었음—을 암시하고자 했는지도 모른다.

이처럼 '욕망하는 자'와 '욕망의 대상' 사이의 경계가 모호하기 때문에, 그리고 양자가 지시하는 바가 유동적인 것일 수 있기 때문에, 우리는 심지어 위의 인용에 등장하는 '당신'을 어느 사이에 '욕망의 대상'에서 '욕망하는 자'로 바뀐 시인 자신을 지시하는 기표로 읽을 수도 있다. 자연스럽게 우리는 "눈물조차 백금인 아갈마이길 배라던]" '나'를 시인 자신이 욕망하는 "장미 이데아"와 같은 초월적 기표를 지시하는 기표로 읽을 수도 있다. 즉, 아갈마를 내재한 것으로 믿어지는 그 무엇―예컨대, 시 작품―이 시인을 향해 던지는 말을 바로 위의 인용으로 읽을 수도 있다. 따지고 보면, '욕망하는 자'로서의 피그말리온과 '욕망의 대상'으로서의 조각상 사이의 관계조차도 새로운 각도에서의 해명이 가능한데, 피그말리온이 '욕망하는 자'로서의 시인이라면 시인이 창작한 시 작품은 곧 '욕망의 대상'으로서의 아갈마를 내재한 그 무엇일 수도 있기 때문이다. 다시 말해, 피그말리온은 시인의 정신적인 스승을 지시하는 기표가 아니라 시인 자신을 지시하는 기표일 수 있다. 자연스럽게 조각상은 시인을 지시하는 기표가 아니라, 시인이 초월적 기표를 내장하기를 갈망하고 믿는 시 작품 자체를 지시하는 기표일 수 있다.

이처럼 다의적多義的인 이해와 해석에 열려 있는 것이 오주리의 『장미룽』이 담고 있는 시 세계다. 아울러, '욕망하는 자'와 '욕망의 대상'이 어느 순간에 자리바꿈할 수 있음을, 또한 '욕망하는 자'와 '욕망의 대상' 사이의 경계가 모호할 수 있음을 드러낼 듯 감추고 감출 듯 드러내는 것이 『장미룽』이 펼쳐 보이는 시적 이해의 지평地平이다. 정녕코 양자는 '별개의 것'이자 '하나'일 수 있으리라. "장미 이데아"에 대한 시인의 탐구에서 '장미'와 '시인'이, '당신'과 '내'가 '별개의 것'이면서 동시에 '하나'일 수 있듯. 또는 안과 밖이 나뉘어 있는 동시에 나뉘어 있지 않는 뫼비우스의 띠가 그러하듯. 뫼비우스의 띠와도 같이 간단치 않은 것이 오주리의 시 세계이기에, 이에 접근하는 일은 결코 쉽지 않다. 무엇보다 시인이 말하는 "장미 이데아"의 정체는 과연 무엇이고, 우리는 이에 제대로 다가간 것일까. 우리가 우리 논의를 의문문으로 마감함은 이에 대한 만족스러운 답이 아직 준비되어 있지 않기 때문이다.

*

  논자가 시인 오주리의 존재를 알게 된 것은 1998년 서울대학교 대학신문사 주최 대학문학상 시 부분을 심사할 때였다. 그해에는 숙명여자대학교의 김주연 교수와 함께 심사를 했는데, 그 당시 우리는 어렵지 않게 수상작을 고를 수 있었다. 시적 완성도의 면에서 문제가 없는 것은 아니지만 짜임새와 언어 사용 및 시적 이미지 처리의 면에서 돋보이는 작품이 있었기 때문이다. 그것이 바로 당시 학생이던 오주리의 작품이었다. 그리고 16여 년의 세월이 흐른 뒤 그때의 학생이 박사학위논문을 가지고 인사차 논자의 연구실을 찾았다. 하지만 논자를 즐겁게 한 것은 학위논문을 마쳤다는 소식보다 시인으로 등단했다는 소식이었다. 논자는 1990년 중반부터 열네 차례나 대학문학상 시 부분 심사를 했지만 수상자들 가운데 등단하여 시인이 된 학생이 있다는 소식은 좀처럼 접할 수 없었기 때문이다. 그리고 다시 세월이 흐른 뒤 시인은 첫 시집 원고를 가지고 논자를 찾았다. 간곡한 청에 해설 원고 쓰기를 수락했지만, 시인의 시 세계는 논자에게 쉽게 접근을 허락하지 않았다. 철학적 사유와 깊이가 감지되는 시 세계와 오랫동안 씨름한 끝에 글을 마무리했지만, 논자에게는 아직도 그의 시 세계에 제대로 접근한 것인지에 대해 확신이 서지 않는다. 또한 논자에게는 여전히 그의 시 세계가 철학적 사유 과정 쪽에 더 무게가 가 있는 것으로 판단되기도 한다. 앞으로 오주리가 시인으로서 더욱 큰 역할을 수행하기 위해서는 이 점과 관련하여 나름의 성찰이 필요할 것으로 판단된다. 시인의 시 세계에 변모와 발전이 있기를 바란다.

| 오주리 |

서울에서 태어났으며, 서울대학교 윤리교육과와 동대학원 국어국문학과를 졸업하였다. 1998년 대학문학상을 받았으며, 2010년『문학사상』신인상을 받으며 문단 활동을 시작했다. 2014년 한국문화예술위원회 ARCO 창작기금을 받았다. 논저로『한국 현대시의 사랑에 대한 연구』가 있다. 현재 가톨릭관동대학교 교양대학 교수로 재직 중이다.

이메일 : in_violet@hanmail.net

장미릉 ⓒ 오주리
―――――――――――

초판 인쇄 · 2019년 11월 25일
초판 발행 · 2019년 11월 29일

지은이 · 오주리
펴낸이 · 이선희
펴낸곳 · 한국문연

서울 서대문구 증가로 31길 39, 202호
출판등록 1988년 3월 3일 제3-188호
대표전화 302-2717 | 팩스 · 6442-6053
디지털 현대시 www.koreapoem.co.kr
이메일 koreapoem@hanmail.net

ISBN 978-89-6104-251-2 03810

값 10,000원

* 이 도서는 2014년도 아르코문학창작기금 지원사업에 선정되어 발간된 작품입니다.

* 잘못된 책은 바꾸어 드립니다.

이 도서의 국립중앙도서관 출판시도서목록(CIP)은 서지정보유통지원시스템 홈페이지(http://seoji.nl.go.kr)와 국가자료공동목록시스템(http://www.nl.go.kr/kolisnet)에서 이용하실 수 있습니다.
(CIP제어번호: CIP2019047758)